Amir Baitar Henning Sußebach

Unter einem Dach

Ein Syrer und ein Deutscher erzählen

Amir Baitars Texte wurden aus dem
Arabischen übersetzt von Larissa Bender

Rowohlt

1. Auflage Oktober 2016

Satz Franziska Pro OTF bei
Pinkuin Satz und Datentechnik, Berlin
Druck und Bindung CPI books GmbH, Leck, Germany
ISBN 978 3 498 06445 7

Unter einem Dach

Ankunft

Henning

Die Geschichte von Amir und uns, vom Flüchtling und seiner Gastfamilie, sie ist reich an Missverständnissen, komischen Überraschungen und irren Wendungen. Und sie begann gleich mit einer Fehleinschätzung, bei der es um ein großes Zimmer und eine kleine Reisetasche ging. Und hintergründig um viel mehr.

Es war ein Abend im Dezember 2015, windig, kalt und dunkel. In den Nachrichten fiel das Wort «Willkommenskultur» noch ungefähr genauso oft wie «Obergrenze», der Kölner Hauptbahnhof war einfach nur ein Hauptbahnhof, Regionalzüge und Einkaufszentren keine angsterfüllten Orte, und Angela Merkels Satz «Wir schaffen das» wurde zwar schon angezweifelt, doch es gab noch eine Menge Menschen, die den Optimismus teilten, der ihm zugrunde lag. Der Satz war noch nicht tot, noch nicht abgelegt und historisch eingemottet wie ein Ausstellungsstück im Haus der Geschichte in Bonn, wie Konrad Adenauers Mercedes also oder wie Helmut Kohls Strickjacke. Der Satz lebte noch.

Deshalb stand ich am Hamburger Busbahnhof, wartete auf Flixbus Nummer 150 und fror.

Wir schaffen das? Ich hatte einige Zeit gebraucht, um zu begreifen, dass Merkels «Wir» in diesem Satz mal kein behütender *pluralis majestatis* war, kein Regierungs-Wir und kein Wahlplakat-Wir. Dieses «Wir» bezog ein paar mehr Menschen ein als das Bundeskabinett, es richtete sich auch nicht bloß an Grenzbeamte, Sprachlehrer und Sozialarbeiter. Dieses «Wir» war allumfassend. Es meinte uns. Das «Wir» waren wir! Und wir, das sind: Mutter und Vater, Tochter und Sohn. Typisch deutsche Vierköpfigkeit in einem Haus in einer Kleinstadt bei Hamburg. Eine ganz normale Familie, die entschieden hatte, sich ins Weltgeschehen einzumischen.

Wir hatten einige Wochen lang gegrübelt, uns gegenseitig beäugt und schließlich beraten. Seit dem Sommer waren da diese Bilder gewesen: der tote Junge an einem türkischen Strand. Die ungarische Kamerafrau, die einem Mädchen ein Bein stellte. Flüchtlingsgruppen, die durch bayerische Milchtütenlandschaft zogen. Inwieweit ging uns das etwas an? Wir hielten uns für politisch, das schon. Aber bislang hatte «sich für politisch halten» bedeutet: Zeitung lesen, Nachrichten gucken, wählen gehen, eine Meinung haben, bei zwei Meinungen diskutieren. Niemand von uns ist Mitglied in einer Partei. In der Kleinstadt, in der wir leben, haben wir kein einziges Mal eine Ratsversammlung besucht. Ich glaube, wir gehören einer Generation an, die unter dem Eindruck aufgewachsen ist, dass Politik oft etwas Fernes, Abstraktes, schwer Beeinflussbares ist – ob sich die Chinesen an ihren Aktienmärkten verspekulieren, die Europäer nächtelang ergebnislos in Brüssel tagen oder die Amerikaner sich für immer beängstigendere Präsidentschaftsbewerber begeistern. Zugleich hat Politik, wenn es um persönlichen Konsum geht, eine kleinteilige, konkrete

Seite. So, wie wir auf unseren Handys in den Systemeinstellungen die Bildschirmhelligkeit regulieren, Klingelton und Hintergrundbild auswählen, drehen wir graduell an unseren Lebensstilen rum: bisschen weniger Autofahren, bisschen weniger Fleisch essen, bisschen weniger Strom verbrauchen, bisschen mehr spenden.

Wenn Politik nah war, war sie also meistens klein. Wenn sie groß war, war sie eher fern. Kriege, Attentate, Putsche; all das sah man sich aus sicherer Distanz an. Sogar als in Berlin die Mauer fiel, mussten wir hinfahren, um wirklich dabei zu sein.

Das war jetzt anders. Die eine Million Flüchtlinge gab es nicht nur als Bildpunkte auf dem Fernsehschirm. Sie liefen durch unser Land. Auf dem Weg zur Arbeit sahen wir sie an Bahnhöfen stehen, sie stiegen mit uns in die Straßenbahnen und warteten vor uns an der Supermarktkasse. Falls es stimmte, was Politiker sagten, dass nämlich eine neue Völkerwanderung im Gange sei, dann gab es zu dieser keinen historischen und auch keinen räumlichen Sicherheitsabstand mehr. Dies geschah hier und jetzt, nicht im Geschichtsbuch. Und ob es gutgehen oder schieflaufen würde – das lag in unseren Händen.

Heute kann ich nicht mehr sagen, welche genauen Anteile an Überzeugung, Pflichtgefühl, Abenteuerlust und Selbstverliebtheit uns bewogen, einen Menschen aus dieser Million aufzunehmen: Amir, 24 Jahre alt, Syrer, aufgewachsen in einem Dorf am Euphrat. Er würde aus Sachsen kommen, umsteigen in Berlin und aussteigen in Hamburg, Haltebucht Nummer 15.

Ich war seit Jahren nicht mehr am Busbahnhof

gewesen. Vermutlich ist das ein Zeichen von Wohlstand, vielleicht auch Weltfremdheit. Wie Auswandererschiffe legten Busse an und wieder ab, kamen aus Belgrad, Moskau und Priština, fuhren nach Anklam, Kiew und Zgorzelec. Auch wenn nur die Bustüren seufzten, und das hydraulisch: Dies war definitiv ein Ort, an dem Romane beginnen und enden können. Ich meinte Gesichter voller Melancholie und Müdigkeit zu sehen, Einwanderer, Auswanderer und Glücksritter, buchstäblich Bepackte und Beladene. Niemanden mit Alukoffer, keinen Bahncomfort-Kunden. Kurz streifte mich der Gedanke: Drüben am Hauptbahnhof steigen jene ein und aus, die über ihr Leben bestimmen. Hier am Busbahnhof einige, über die das Leben bestimmt.

Sofort verbot ich mir dieses Urteil wieder, wie so vieles, was mir durch den Kopf ging seit unserer Entscheidung, einen Fremden aufzunehmen. Von dem Augenblick an, in dem wir Merkels «Wir» zu unserem gemacht hatten, liefen unablässig innere Monologe in unseren Köpfen: Sollten wir Amir mit einem Geschenk empfangen? Oder würden wir ihn beschämen, falls er keins für uns haben würde? Lag zu viel Spielzeug in den Kinderzimmern herum und kündete stumm von zu viel Sorglosigkeit? Hing irgendein Foto in unserem Haus, eine zahnweiße Familienikonographie, die ihm all seine Verluste vor Augen führen würde? Oder müsste er mit dem derzeitigen geographischen und geschichtlichen Glück in Deutschland nicht ohnehin leben? War Amir nicht genau deshalb gekommen?

Eigentlich haben meine Frau und ich mit Besuchen Erfahrung. Wir wissen, welches Essen unseren Eltern nicht schmeckt, welche Bücher unseren Nichten eine Freude machen und wie wir einen verregneten Nachmittag mit der Verwandtschaft rumkriegen, ohne uns auf die Nerven zu gehen. Jetzt wussten wir so gut wie nichts. Sollten wir Amir sofort einen Hausschlüssel geben? Würden wir Eltern, wie zuletzt öfter, abends ins Kino gehen und ihm unsere Kinder anvertrauen? Sollten wir, als wäre nichts, unsere Portemonnaies offen herumliegen lassen? Würde Amir das als Vertrauensbeweis begreifen oder als Test missverstehen?

Statt Antworten: Aktionismus. In den Tagen vor Amirs Ankunft räumten wir unser Arbeits- und Gästezimmer leer, trugen diesen ganzen Organisationskrempel aus Strom- und Müllabrechnungsordnern, Onlinebanking-Unterlagen und PIN-TAN-Generatoren hinauf ins Schlafzimmer, sortierten Bücher aus, brachten einiges an Ladekabel- und Was-war-das-noch-mal-Elektroschrott zur Müllkippe, leerten Schrank um Schrank und Schublade für Schublade, bis da fünf mal drei Meter Raum waren: ein Bett, ein Tisch, ein Stuhl, eine Schrankwand, ein Computer. Fünf mal drei Meter Deutschland. Fünf mal drei Meter Leere, die sich füllen sollte. Fünf mal drei Meter, auf denen sich Politik und Privatsphäre aufs engste vermischen würden. Fünf mal drei Meter, auf denen wir gesaugt, gewischt und richtig Platz geschaffen hatten.

All die Verwicklungen, bei denen es um Bartlängen und Telefonküsse, Alkohol und hartgekochte Eier, Frauenhaut und Colaflaschen gehen würde, waren da noch Zukunft. Die erste Verwirrung war eine andere, sie wurde offenbar, als an jenem Abend im Dezember Bus 150 ankam. Als einer der letzten Passagiere stieg Amir aus, graue Jeans, graue Jacke, schwarzes Haar. Wir hatten wohlmeinend ein ganzes Zimmer für ihn leergeräumt. Doch in seinen Händen hielt Amir nur eine kleine Sporttasche und eine Plastiktüte. Zeug für eine Schublade. Mehr hatte er nicht dabei.

Amir

Der Mann wartete am Bahnhof auf mich. Er war schmal, nicht groß, hatte schütteres Haar und trug eine Brille. Henning sah aus wie ein typisch deutscher Mann. Ich hatte ihn kurz vor meiner Ankunft benachrichtigt, dass ich in zehn Minuten in Hamburg sei. Er antwortete: «You are welcome!» Mir war das vorher nicht klar gewesen, aber er war extra zum Busbahnhof nach Hamburg gekommen.

Mit dem Auto fuhren wir hinaus in eine kleine Stadt in der Nähe von Hamburg. Die Häuser waren neu und schön anzusehen, einige hatten spitze Dächer, andere waren flach wie Würfel. Früher hatte ich immer gedacht, alle Häuser in Deutschland hätten einen roten Dachgiebel.

Unterwegs erzählte Henning, er habe Maklouba gekocht. Mir ging das Herz auf! Er hatte tatsächlich darüber nachgedacht, was ich wohl gern essen möge, und dann nicht etwa Nudeln oder Pizza gemacht oder irgendein anderes normales Gericht, sondern ein arabisches! Und sogar mit Huhn, obwohl die Familie fast kein Fleisch isst, wie ich heute weiß. Sie hatten es nur mir zu Ehren gekocht! Das hat mich sehr berührt.

«Da sind wir», sagte Henning. Das Auto blieb vor einem Haus stehen, das weiß war und aus zwei Stockwerken bestand.

Ich hatte die Familie schon einige Wochen vor meinem Einzug getroffen, zu einem ersten Kennenlernen. Damals lebte ich noch in einem Flüchtlingsheim in Sachsen. Verglichen damit, machte das Haus auf mich sofort einen sehr ordentlichen und sauberen Eindruck, von allen Seiten schien die Sonne hinein. Das Haus war groß; auch wenn unser Haus in Syrien noch größer war: die Fläche doppelt so groß, fünf Zimmer. Meine Mutter organisierte den Haushalt, mein Vater arbeitete auf unserem Acker. Wir waren dreizehn Geschwister: sechs Brüder und sieben Schwestern, die älteren waren bereits ausgezogen. So lebten wir, bevor der Krieg losbrach. Ein Unglück, das mir noch vor wenigen Jahren unvorstellbar schien.

In meinem neuen Zuhause empfing mich die Familie herzlich. Nicole, Hennings Frau, führte mich im Haus herum. Zuerst zeigte sie mir das Zimmer unten, in dem ich wohnen würde – mein Zimmer. Es war anders, als ich erwartet hatte. Ich hatte gedacht, dass meine deutsche Familie in einer kleinen Wohnung lebte; und ich würde im Dachgiebel des Hauses unterkommen, der so winzig wäre wie die durch Holzwände abgetrennten Arbeitsbereiche in einem Großraumbüro, wie ich sie aus amerikanischen und europäischen Filmen kenne.

In meinem Zimmer standen leere Regale, ein paar Bilder hingen an der Wand. Auf einem Schreibtisch stand ein Apple-Computer, den ich benutzen könne, wann immer ich wolle, wie Henning sagte. Im Zimmer gab es auch ein Bett, oder besser: ein Schlafsofa. In Syrien hatte ich immer auf einer Matratze auf dem Boden geschlafen. An die Wände meines Zimmers dort hatte ich Karten gehängt, eine Karte der arabischen Welt, eine Syrienkarte und einige Koranverse. Auch wenn in meinem neuen Zimmer einiges anders war, fühlte ich mich doch wohl.

Überall im Haus standen Skulpturen, es gab viele Bücher und Aktenordner, deren Inhalt ich bis heute nicht kenne. Nicole zeigte mir noch die Zimmer der Kinder und das Zimmer von ihr und Henning. Alle liegen im oberen Stockwerk. Im Raum meiner Gasteltern stand eine Nähmaschine. Als ich sie sah, musste ich sofort an meine Mutter denken. Sie kann sehr gut nähen.

Die Tochter und der Sohn haben jeweils ein eigenes Zimmer, was, wie ich inzwischen weiß, in Deutschland normal ist. Nicht so bei uns zu Hause, denn wie sollte das gehen, wenn eine Familie fünf oder sieben Kinder hat? Auch ich habe mir in Syrien ein Zimmer mit meinem Bruder geteilt. Wenn er von der Arbeit kam, schliefen wir beide dort, manchmal waren wir sogar zu dritt.

Seltsam fand ich, dass die Küche sich zum Wohnzimmer hin öffnet, wie das, glaube ich, in Deutschland oft der Fall ist. In meiner Heimat sind die Wohnzimmer strikt von der Küche getrennt. Wenn ich hier kochen möchte, zieht der Geruch durch die ganze Wohnung. Man stelle sich einmal vor, wie es ist, Fisch zu kochen!

Kein Zaun umgibt das Grundstück, keine Mauer. Es gibt keinerlei Schutz für das Haus und die Menschen, die darin leben – nicht nur das war neu für mich, als ich vor sechs Monaten bei dieser deutschen Familie einzog.

Vieles, was mir heute vertraut ist, erschien mir damals höchst ungewöhnlich. Und manches, was ich anfangs gar nicht wahrnahm, ist mir bis heute fremd geblieben.

In Syrien sind die Häuser normalerweise von Mauern und Zäunen umgeben. Bei uns zu Hause verlief eine hohe Mauer um das Haus und den Garten, die einem das Gefühl von Sicherheit vermittelte. Hier öffnete ich manchmal die Türen, um zu lüften. In den ersten Tagen fürchtete ich mich ein wenig und schloss sie rasch wieder.

Doch auch in meiner Heimat schützen die Mauern die Hausbewohner nicht mehr, niemand fühlt sich sicher, und keine Mauern können die Bewohner vor den Flugzeugen und der Artillerie bewahren. Die Häuser sind jetzt leer, täglich sterben Menschen.

Henning

Wir hatten von Amir erstmals per Mail erfahren, die unter dem Betreff «Hier bittet jemand um Hilfe» durch den Verlag kreiste, bei dem ich arbeite. Hier bittet jemand um Hilfe? Mit solchen Worten schleicht sich andauernd Spam in unsere Postfächer. Ich hätte die Mail ungelesen gelöscht, wäre nicht ein Kollege der Absender gewesen. Genauer: Der Kollege hatte da nur etwas weitergeleitet.

Das Schreiben kam ursprünglich aus Zschopau, einer Kleinstadt im sächsischen Erzgebirge. Eine Frau namens Anne, die sich dort in einer Unterkunft um Flüchtlinge kümmerte, schrieb über Amir: «Er hat eine ganz typische schreckliche Fluchtgeschichte. Er kommt aus der Nähe von Deir ez-Zor, wo er auch studierte. Er flieht vor dem IS, dessen Anhänger ihm angekündigt haben, dass sie ihn enthaupten wollen, da er ‹westliche Wissenschaften› studiert (Mathe und Informatik). Und er flieht vor Assads Armee, die seine Uni und das Krankenhaus in seinem Heimatort bombardiert hat und zu der er eingezogen werden soll, wie jeder junge Syrer – töten oder getötet werden. Sein Weg: Türkei, Griechenland, Balkan, Inhaftierung in Ungarn und durch einen blöden Zufall (das GPS war ausgefallen und der Schlepper kannte den Weg nicht) ist er in Sachsen und nicht in Bayern über die Grenze gebracht und verhaftet worden.» Seit acht Monaten sitze Amir nun in Zschopau, ein Syrer unter Syrern in einem Sechsbettzimmer, in einem Heim am Waldrand. Er wolle nach Westen, in eine Großstadt, an eine Universität, sein Studium beenden. Erst so würde er seine Flucht vor sich und seiner Familie rechtfertigen können.

Der historische Kontext, in dem ein Mensch Entscheidungen fällt, ist aus der Froschperspektive des Einzelnen schwer zu erkennen – wenn überhaupt, dann meist erst im Rückblick. Heute wissen wir, dass Amirs Hilferuf genau in jene Phase seltsamer Stille hallte, in der in Deutschland die Stimmung von einem Extrem ins andere kippte. Die Zeit der spätsommerlichen Bahnhofs-Ergriffenheit (und auch der Ergriffenheit angesichts der eigenen Ergriffenheit) ging über in frühwinterliche Furcht vor zu vielen Flüchtlingen (und auch in Furcht, was diese Furcht alles anrichten könnte, wenn man sie ignorierte). Genau auf diesem Kipppunkt drückten wir auf den Antwortbutton unseres Mailprogramms und schrieben zurück, wir könnten uns vorstellen, diesen Fremden aufzunehmen. Zählten wir damit zu den letzten Gefühligen? Oder zu den Ersten, die sich dem emotionalen Hin und Her entzogen – einfach dadurch, dass wir mit unserer Entscheidung von Meinenden zu Wissenden werden würden? Anders als Politiker und Kommentatoren – ganz egal, welcher Weltanschauung – würden wir ja, wie Forscher, Tag für Tag Integrationsstudien betreiben können, am Flüchtling und an uns selbst.

Bevor es so weit kam, war allerdings noch eine heute grotesk anmutende Situation zu überstehen. Es gab nämlich vier Bewerber für diesen einen Flüchtling! So wurde aus Amir, dem Bittsteller, der Gastgeber einer Casting-Show, in der wir Gastgeber zu Bittstellern wurden. *Deutschland sucht den Superstar? Germany's next Topmodel? Voice of Germany?* Jetzt war *Der große Willkommens-Contest* angesagt, Chef der Jury: Amir Baitar. Er würde vergleichen können, wir nicht.

Gemeinsam mit Anne, der Frau aus Sachsen, kam Amir für ein Wochenende nach Hamburg und besuchte Bewerber für Bewerber für Bewerber für Bewerber. Wir waren die Ersten. Auf dem Wochenmarkt hatten wir bei einer Iranerin Baklava gekauft, sirupsatte Süßigkeiten aus dem Nahen Osten.

Als wir Amir zum ersten Mal sahen, war ich ein wenig verblüfft – und erschrak gleich über diese Verblüffung. Amir sah nicht gerade ausgemergelt aus, nicht wie all die Fernsehflüchtlinge, eher wie ein gemütlicher Kerl, der viel rumgesessen hatte. Genau das hatte er in Sachsen auch gemacht, erzählte seine Begleiterin: auf seinem Zimmer gehockt, auf den Ausgang des Asylverfahrens gewartet und stark gesüßten Tee getrunken. Erst Monate später sollte Amir uns erzählen, wie wenig er seinen eigenen Körper mochte, als er sich bei uns vorstellte. Sogar der war ihm in der Fremde fremd geworden.

An jenem Wochenende saß Amir an unserem Küchentisch, und unsere Kinder – zehn und fünfzehn Jahre alt – bissen sich auf die Lippen, als sie sahen, wie er Löffel für Löffel kleine Zuckerpyramiden in seine Teetasse balancierte. War das bei uns zu Hause nicht verpönt? Und die Ellenbogen auf dem Tisch? Und beim Trinken schlürfen? Amir berichtete von den Islamisten des IS, die ihm vor der Universität die Jeans aufgeschnitten hatten, weil sie in ihren Augen zu eng waren. Mit unseren Fingerkuppen vollzogen wir im Atlas seine Flucht nach. Amir sprach passables Englisch, für sein Deutsch waren die weltpolitischen Verwicklungen noch zu kompliziert. Die Kinder hörten Amir zu, stumm und staunend. Unsere beiden Katzen strichen um seine Beine. Am Ende machten wir eine Stadtrundfahrt und tauschten Telefonnummern.

Richtig viel erfuhren wir an jenem Nachmittag von Amir nicht. Und er auch nicht von uns. Wir sprachen nicht darüber, ob er Miete zahlen sollte. Wer seine Wäsche waschen würde. Wie lange er bei uns wohnen könnte. Wir nannten seine Zeit bei uns unpräzise «eine Brücke in ein neues Leben». Höflichkeit schlug Offenheit. Wir fanden Amir nett, hinter seiner Zurückhaltung glaubten wir Zugänglichkeit zu erkennen. Das sollte vorerst reichen.

Wir haben bis heute nicht erfahren, wie *Der große Willkommens-Contest* weiterging. Was Amir bei den anderen drei Bewerbern erlebte, zwei alleinlebenden Männern und einem älteren Paar – Amir ist zu höflich, uns davon zu berichten. Er fuhr zurück nach Sachsen und schickte hin und wieder WhatsApp-Nachrichten, orthographisch so wacklig wie sein damaliger Status:

> Es gefällt mir. We visited a lot of things. Everything there ist super. Ich wünsche dir eine gute nacht. Mit süßen träumen …
>
> Hallo. Hamburg meine lieblingsstadt, ich hoffe, dass Hamburg my bright future ist.
>
> I want to live mit euch …

Heute denke ich: Die Wahl muss Amir unendlich schwergefallen sein, trotz aller Vergleichsmöglichkeiten. Als er zu uns kam, war er zwar schon seit Monaten im Land, hatte aber erst ein- oder zweimal ein deutsches Haus betreten. Konnte er entschlüsseln, was er sah? Hatte er auch nur ansatzweise Antworten auf Fragen bekommen, die er nicht zu stellen wagte? Wochen später sollten wir merken: Der Umzug von der Asylunterkunft in unser Haus war für Amir ein ähnlich großer Schritt wie seine Flucht über zwei Kontinente. Er verließ seine syrische Sechsbettkapsel und betrat in unserem Haus gewissermaßen erstmals deutschen Boden.

Amir

Im März 2015 kam ich in Sachsen an. Meine Flucht hatte ich im Sommer zuvor geplant – das Ziel war Deutschland. Ich floh, um in Europa weiterstudieren zu können, am liebsten in England, aber Deutschland war auch attraktiv, weil es für seine Arbeits- und Studienmöglichkeiten bekannt war. Seit meiner Kindheit mochte ich das Land, weil ein Verwandter väterlicherseits dort lebte. Außerdem hatten die meisten meiner guten Universitätsdozenten in Deutschland studiert, weshalb ich bereits vor dem Krieg davon geträumt hatte, einmal in Deutschland eine Universität besuchen zu können. Ich hatte von Hamburg, Berlin und München gelesen und über Google-Recherchen herausgefunden, dass in Aachen, Stuttgart, Leipzig und Hamburg gute Universitäten für mein Fachgebiet waren.

Am Ende hat man wenig Einfluss darauf, wo einen die Schlepper über die Grenze führen. Mich hatte der Schlepper mit neun anderen syrischen Flüchtlingen über die tschechisch-deutsche Grenze gelotst, ich werde noch darüber berichten. Nach einigen Tagen in einem Übergangscamp brachte man uns in ein Heim in Zschopau. Die Menschen im Ort machten uns sehr deutlich, dass sie uns dort nicht haben wollten. Mit die ersten Worte Deutsch, die ich lernte, waren: «Deutschland den Deutschen, Ausländer raus.» Im Herbst fanden sich jeden Samstag rechte Demonstranten vor unserem Haus ein. Ich traute mich nicht allein auf die Straße. So hatte ich mir Deutschland nicht vorgestellt.

Es ist leider so, dass man als Asylbewerber erst umziehen kann, wenn der Asylantrag bewilligt ist. Man darf in dieser Wartezeit nicht arbeiten, und man durfte damals auch noch keinen Integrationskurs machen. Ein halbes Jahr nach meiner Ankunft erhielt ich einen Anruf, dass mein Asylantrag angenommen worden sei, und am 15. Dezember bekam ich einen Reiseausweis für Flüchtlinge, der mir gestattete, den Wohnort zu wechseln. In der ganzen Zwischenzeit passierte: nichts. Ich wusste, man muss Geduld haben, aber ich bin fast geplatzt vor Ungeduld. Die Tage wurden länger und länger, monatelang habe ich wenig anderes gemacht, als im Heim zu sitzen. Die anderen Syrer dort waren alles nette Menschen, wir kannten uns zum Teil schon seit der Flucht, trotzdem wollte ich irgendwann einfach allein sein und vor allem: etwas zu tun haben.

Den ganzen Tag surfte ich auf Facebook, sah Nachrichten, wurde träge und hatte kaum noch Hoffnung auf so etwas wie ein Leben in Deutschland. Die einzigen Deutschen, die ich in dieser Zeit kennenlernte, waren ein Sozialarbeiter und Anne, eine sehr nette junge Frau, die in der Nähe wohnte und ab und zu vorbeikam. Ich wusste nicht, wie die Deutschen leben und was sie denken. Ich wusste nur: Die Leute in Sachsen hießen uns nicht willkommen. In den Nachrichten las ich von der «Willkommenskultur», sah Bilder von klatschenden Menschen am Münchner Hauptbahnhof. In Sachsen war davon nichts zu spüren. Ich wollte einfach nur weg aus Zschopau, überall schienen die Menschen freundlicher als hier.

In Syrien hatte ich mir vorgestellt, ich könnte in einer Großstadt mein Studium weiterführen. Ich habe in einem

Dorf am Rand von Deir ez-Zor gelebt, einer Stadt mit etwa 300 000 Einwohnern. Nach Aufständen der Opposition wurde Deir ez-Zor 2011 zunächst von Truppen der Regierung besetzt. 2013 dann eroberte der «Islamische Staat» Teile der Stadt und terrorisierte die Bevölkerung. Viele Menschen leiden Hunger. Irgendwann wurde es zu gefährlich, zur Uni zu gehen, der IS hat viele Studenten bedroht.

Als ich nach Monaten des Wartens die Nachricht erhielt, dass mir Asyl gewährt werden sollte, war ich überfroh. Sollte mein Traum wahr werden? Ich sprach mit Anne. Wir überlegten, wie ich am besten nach Hamburg kommen könnte. Anne schrieb eine Mail an einen Freund in Hamburg, dann ging plötzlich alles sehr schnell: Ich hatte vier Wohnungsangebote in Hamburg. Ich konnte mein Glück kaum fassen.

Anfang Dezember fuhr ich nach Hamburg, als Erstes zu Hennings Familie. Ich war zunächst skeptisch. Ich wusste nicht, wo dieser Vorort liegt. Und ob ich von dort wirklich nach Hamburg zur Universität kommen würde. Aber die Familie empfing mich sehr warm. Als wir zusammen am Tisch saßen, ging der Sohn zum Sofa. Dort steckten noch Papierherzen mit Buchstaben, die zusammengenommen den Namen der Tochter ergaben – sie war kurz zuvor von einem Auslandsaufenthalt nach Hause gekommen. Der Sohn steckte die Herzen so um, dass plötzlich A M I R zu lesen war. Als ich das sah, bekam ich eine Gänsehaut. Bedeutete das nicht, dass sogar die Kinder mich willkommen hießen?

Am Nachmittag fuhr ich mit Anne zur nächsten Person, einem alleinstehenden Mann. Er fragte direkt, ob ich Muslim sei und ob ich bete. Natürlich bin ich Muslim, natürlich bete ich. Das hat ihm nicht gefallen, er hatte wohl Vorurteile wegen meines Glaubens. So etwas hatte ich befürchtet. Am nächsten Morgen stellten wir uns noch einem Ehepaar vor. Die beiden waren sehr freundlich, aber die Chemie stimmte nicht richtig. Schließlich kamen wir zu einem älteren Mann, der im Norden Hamburgs wohnt. Ein unglaublich netter Mensch. Es ist mir schwergefallen, mich zwischen ihm und der Familie zu entscheiden.

In Syrien waren wir eine große Familie. Ich bin es gewohnt, dass viel los ist. Mir gefiel die Vorstellung, das Leben einer richtigen Familie in Deutschland kennenzulernen. In Sachsen hatte ich nicht herausfinden können, welche Gewohnheiten die Menschen in Deutschland haben, was sie essen, worüber sie sprechen, wie ihre Kinder aufwachsen. Das alles wollte ich wissen. Ich freute mich auf das Leben mit der Familie. Darauf, Teil der deutschen Gesellschaft zu werden und mich richtig zu integrieren.

Henning

Eigentlich hatten wir für Amir (und auch für uns) eine Art assistiertes Einleben vorgesehen. Bevor Amir sich ordentlich *integrieren* würde – nach landläufiger Meinung: Deutsch lernen, Arbeit suchen und dann vierzig Jahre in die Sozialkassen einzahlen –, davor jedenfalls würde er wissen müssen, wo in unserem Haus er frische Handtücher und neues Toilettenpapier findet, in welcher Küchenschublade die Brotmesser liegen und wo im Keller die Kartoffeln, wie die Waschmaschine funktioniert, wo sich die Spülmaschinentabs und der Sicherungskasten verbergen und wann er – falls wir mal weg sein sollten – Schneeschippen müsste (als Syrer womöglich erstmals im Leben). Auch wollten wir Amir in aller Ruhe den Weg zum Discounter und zum Bahnhof zeigen. Wir wollten schauen, ob er ein Paar feste Schuhe und einen Wollpulli für den Winter bräuchte, Handschuhe, Mütze und Regenschirm, auf dass sich in seinem Zimmer eine zweite Schublade fülle. Wir wollten ihn seine Flucht erzählen und einen Stammbaum seiner Familie zeichnen lassen. Wir wollten ihn unseren Nachbarn vorstellen und bald mit ihm ans Meer fahren, damit sein neues Zuhause kein winziger, bezugsloser Fleck in einem unendlichen Unbekannten bliebe.

In einem Film wären das alles Schlüsselszenen gewesen, auf die sich später vieles bezieht.

Es kam anders. Als sich Amir für uns entschieden hatte, hieß es, er werde «in einigen Monaten» aus Sachsen zu uns kommen, dann «in ein paar Wochen». Schließlich rief Amir an und sagte: «Ich komm in drei Tagen.»

Dummerweise war «in drei Tagen» genau vier Tage, bevor wir in einen lang geplanten Familienurlaub aufbrechen wollten, über Weihnachten und Neujahr. Kaum wäre Amir da, wären wir also weg, er zwei Wochen allein in unserem Haus – und unser Haus zwei Wochen allein mit ihm. Offenbar machte sich das Schicksal einen Spaß daraus, unsere Entscheidung und all ihre Konsequenzen kurzfristig mit einem Zeit- und Stressfaktor zu multiplizieren.

In den vier Tagen, die uns zwischen Amirs Ankunft und unserer Abreise blieben, besorgten wir ihm ein gebrauchtes Fahrrad, kramten für ihn einen Ersatzschlüssel aus den Tiefen unseres Garderobenschranks, erklärten ihm Spülmaschine, Waschmaschine und Staubsauger, meldeten ihn (weil die Ämter da keine Verzögerung dulden) beim Einwohnermeldeamt an, stellten ihn beim örtlichen Jobcenter vor und nahmen Kontakt zur Sprachschule auf, in der Amir seinen Deutsch- und Integrationskurs belegen sollte. Wir gingen mit ihm alle Küchenschubladen durch, klebten für die zu erwartende Behördenpost ein Schild mit seinem Namen an unseren Briefkasten, kauften mit ihm Grundnahrungsmittel ein (darunter sehr viel Zucker), halfen ihm bei der Eröffnung des ersten Girokontos seines Lebens (weil die Ämter danach gefragt hatten) und rannten mit ihm ins örtliche Büro der gesetzlichen Krankenkasse (weil Amir mit der Anerkennung seines Asyls nicht mehr über den Staat versichert war). Wir erklärten ihm die Schlaf-, Fress- und Kratzgewohnheiten unserer Katzen und verwandten sehr viel Zeit darauf, Amir das deutsche Mülltrennungssystem begreiflich zu machen. Braune Tonne? Schwarze Tonne? Papiermüll? Gelber Sack für grünen Punkt? Für ein ordentliches deutsches Leben braucht es eine Betriebsanleitung. Wir sahen Angst in Amirs Augen. Und hatten Sorge, er könnte uns für Superspießer halten.

Amir muss das alles wie in Trance wahrgenommen

haben, ganz so, als habe Franz Kafka das Skript für jene Tage geschrieben. Syrien brannte, und wir raschelten mit Gelben Säcken vor ihm rum.

Zwei Tage vor unserer Abreise stellten wir Amir unseren Nachbarn vor. Er war ja die Erklärung dafür, dass während unserer Abwesenheit in unserem Haus Licht brennen und eine Silhouette durchs Wohnzimmer schleichen würde. Wie Kuppler verabredeten wir ihn mit unseren Freunden ringsum, einen jungen Araber mit deutschen Ehepaaren um die vierzig. So zogen wir als kleine Prozession durch unsere Straße, meine Frau und ich und Amir aus dem Morgenland, klingelten hier, winkten da, sammelten Einladungen zu Kaffeetrinken, Abendessen und Silvesterfeiern. Auf einem Zeichenblock unserer Kinder malten wir Amir unser Wohngebiet aus der Vogelperspektive auf und versahen jedes Haus mit Namen und Kaffee-und-Kuchen-Terminen, schrieben schließlich an entferntere Nachbarn noch eine SMS, die mit diesen Worten begann: «Wundert Euch nicht, wenn Ihr demnächst in unserem Haus ...»

Einige Antworten verrieten Freude, andere Verblüffung. Eine lautete knapp: «Gut zu wissen.»

Als wir nach vier Tagen Turbo-Einweisung in ein deutsches Vorstadtleben ins Taxi zum Flughafen stiegen, stand Amir in Jogginghose und Schlappen vor unserem Haus und winkte. Noch vor dem Abflug erhielten wir eine WhatsApp-Nachricht:

Ich vermisse euch.

So ging es zwei Wochen lang weiter:

Jetzt bin ich bei unseren Nachbarn. Elisabeth und Dirk.

Ich habe ein Platz in Sprachschule !!!

Wie geht es euch? Wann kommt euch zurück nach Hause?

Als wir wiederkamen, standen Blumen auf dem Tisch, Amir wartete an der Tür wie der Hausherr. Auf die Frage, wie es ihm im leeren Haus ergangen sei, sagte er: «War okay.»

Amir

In den ersten Tagen bei meiner neuen Familie musste ich zu unzählbar vielen Behörden und Formular nach Formular ausfüllen. Bank, Krankenkasse, Einwohnermeldeamt, Jobcenter – wie bürokratisch alles in Deutschland ist.

Vor dem Urlaub hatte Henning noch eine Liste gemacht mit zehn oder fünfzehn Punkten, was ich im Haus machen solle. Ich hatte wahnsinnig Angst, dass ich etwas in die falsche Mülltonne lege, dass das Haus explodiert oder die Katzen verhungern. Es verursachte mir ganz schön viel Stress.

Als die Familie dann in den Urlaub fuhr, ergab sich ein großer Kontrast: Gerade hatte ich mir noch ein kleines Zimmer mit fünf anderen Männern geteilt. Wir hatten in Hochbetten geschlafen. Ich lag im oberen Bett und fand keine Ruhe. Die anderen waren oft sehr lange wach, bis ein oder zwei Uhr nachts. Wenn sich die Person im Bett unter mir bewegte, sich nur umdrehte, wackelte auch ich oben. Ich hatte nicht eine ruhige Nacht. Außerdem haben die anderen im Zimmer geraucht, was mich sehr störte.

Jetzt war es komplett anders: Ich hatte ein Haus ganz für mich allein. Mir schossen alle möglichen Gedanken durch den Kopf. Ich würde mit einer deutschen Familie zusammenleben, das war schön. Aber *wie* sollte ich hier leben? Wie sollte ich essen? Mit ihnen zusammen oder allein? Wie trinken, schlafen? Wann sollte ich aufstehen?

Anfangs dachte ich, ich würde im Haus wie jemand leben, der einfach ein Zimmer angemietet hat. Ich würde Bad und Küche mitbenutzen, aber ansonsten lebte jeder für sich.

Vielleicht, dachte ich, werden sie mir einen kleinen Platz im Kühlschrank für meine Lebensmittel zur Verfügung stellen. Aber wie soll ich kochen? Was wird geschehen, wenn ich jeden Tag koche und die Küche auf den Kopf stelle, während sie womöglich schlafen?

Und wie und wo werde ich beten? Wo werde ich mich aufhalten? Werden wir zusammensitzen, oder werde ich auf meinem Zimmer hocken?

Wie soll ich mich ihnen gegenüber verhalten? Wie sollen wir miteinander sprechen? Und wo werde ich meine Wäsche waschen? Soll ich sie mit der Hand waschen oder darf ich die Waschmaschine benutzen? Oder waschen wir unsere Wäsche vielleicht sogar zusammen?

Im Heim hatte ich über all diese Fragen nicht nachgedacht. Jetzt lag ich bei meiner neuen Familie in meinem Zimmer, und in meinem Kopf rumorte es.

Ich hatte ein wenig Glück, denn in dieser Zeit zogen auch einige meiner syrischen Freunde aus Sachsen in den Norden. Ich half ihnen beim Umzug und verbrachte einige Zeit bei ihnen. Auch Weihnachten war ich dort, wobei wir das natürlich nicht gefeiert haben. Aber so war ich nicht ganz so allein.

Außerdem hatte ich eine Menge Verabredungen mit Nachbarn, Freunden und Kollegen von Henning und Nicole. Es war verrückt! In Zschopau haben die Bewohner eine Facebook-Gruppe gegründet: «Zschopau sagt: Nein zum Heim», dreitausend Likes. Ab und zu kamen Bewohner zu unserem Heim und fotografierten uns, wenn wir draußen saßen oder am Fenster standen. Es hat uns allen Angst bereitet. Jetzt schien alles anders.

Am meisten beeindruckte mich der Silvesterabend. Ich verbrachte ihn bei einem Kollegen von Henning. Er holte mich zu Silvester ab, und wir fuhren zu seinem Haus an der Schlei. Es war eine kleine Feier mit fünf Freunden. Wir aßen, ein Mann spielte Gitarre, andere sangen. Wir hatten unheimlich viel Spaß. Um zwölf Uhr sind wir rausgegangen, Böller und Raketen wurden gezündet. Für mich war das ein Schock. Die Geräusche waren dieselben, die ich in Syrien gehört hatte. Nur waren sie hier Teil eines Festes, nicht das Grollen des Krieges. Ich musste an meine Familie denken und fühlte mich innerlich sehr zerrissen. Mit meinen syrischen Freunden machte ich nach Silvester immer den makabren Scherz: In Syrien haben wir jeden Tag Neujahr.

Etwas an diesem Abend machte mir klar, dass mein neues Leben in Deutschland nicht so leicht werden würde wie gedacht: Alle hatten Alkohol mitgebracht, alle tranken Alkohol - und das nicht gerade wenig. Es war das erste Mal, dass ich so etwas erlebte. Ich hielt mich an Tee und Wasser. Dann aber bat mich ein Mann am Tischende, ihm die Weinflasche zu reichen. Ich dachte nicht darüber nach und gab sie ihm. Sekunden später sackte mir das Herz in die Hose: Ich hatte gerade eine Flasche Alkohol angefasst und jemandem dabei geholfen, Alkohol zu trinken. Das ist nach den Regeln des Islam, so wie ich sie aus meiner Kindheit kannte, strengstens verboten. Den ganzen Abend über konnte ich mich kaum noch auf die Gespräche konzentrieren, ich musste ununterbrochen über meinen Regelbruch nachdenken.

Vieles hier war so anders als in Syrien, und ich fragte mich, wie das gehen sollte, das Zusammenleben mit den Deutschen. Bereits in den ersten paar Tagen mit der Familie war mir in der Konfrontation mit allem Neuen aufgefallen, wie sehr sich das Leben hier von dem in meiner Heimat unterscheidet. Die Mülltrennung war das eine, aber in der Familie merkte ich auch, dass nicht der Mann der «Chef» ist, sondern dass Mann und Frau gleich sind. Ich hatte sogar den Eindruck, dass die Frau hier das Sagen hat. Komisch fand ich, dass in meiner Gastfamilie Nicole, die schon kurz nach Mittag wieder zu Hause ist, mit dem Auto zur Arbeit fährt, während Henning das Fahrrad benutzt, obwohl er länger arbeitet. Und dass er, der Vater, der spätabends müde von der Arbeit kommt, derjenige ist, der kocht!

Religion und Krieg

Henning

Seit Amir bei uns eingezogen war, hatten wir noch einen zweiten Untermieter, still und unsichtbar: Allah. Schon bevor wir in den Urlaub fuhren, sahen wir Amir mit gesenktem Kopf durch unser Haus laufen und auf das Display seines Handys schauen. Dort hat er eine Mekka-App, eine Art Religionskompass. Wir wissen jetzt: Von unserem Wohnzimmer aus in Richtung Südost gepeilt, quer durch den Garten, über die Magnolie und das Backsteinhaus der Nachbarn hinweg, über den Marktplatz unserer kleinen Stadt und dann noch 4368 Kilometer weiter – liegt Mekka.

Seither besitzt das Wort ORIENTierung einen neuen, alten Klang für uns. Früher hatten Christen ihre Landkarten nicht eingenordet, sondern in Richtung Jerusalem, also gen Orient, ausgerichtet. Ein paar Jahrhunderte später lebte ein muslimischer Flüchtling in einem norddeutschen Einfamilienhaus und verschob die Koordinaten von jenem Ort, an dem Jesus gekreuzigt wurde, in Richtung der Geburtsstadt seines Propheten Mohammed. Wenn es noch eines Belegs bedurft hätte, dass die Welt sich gerade neu sortiert: Da war er.

Wir waren nicht naiv. Wir hatten gewusst, dass ein Muslim zu uns ziehen würde. Allerdings hatten wir –

unreligiös auf eine Art, von der noch die Rede sein wird – dem Glaubensaspekt nur wenig Bedeutung beigemessen. Für uns war Amir in erster Linie Syrer, Kriegsopfer, Student. Doch von seinem ersten Tag an bei uns betete Amir dann zwischen Sonnenaufgang und Sonnenuntergang fünfmal, hin und wieder unterbrach er Gespräche abrupt mit dem Hinweis: «Entschuldigung, ist Betzeit.» Er stand vom Tisch auf, lief ins kleine Gäste-Bad im Erdgeschoss und verschwand dann in seinem Zimmer. Durch unseren Hausflur zog sich eine Wasserspur aus Tropfmustern und Fußabdrücken, von der Fußbodenheizung langsam weggewärmt. Im Gäste-Bad stand zwischen Medizinschränkchen und Klopapierreserven plötzlich eine leere Cola-Flasche, deren genauer Sinn sich uns lange nicht erschloss. Wir ahnten nur: Es geht um Ritus und Hygiene. Ausgerechnet eine Cola-Flasche, das Symbol des amerikanischen Kapitalismus schlechthin, dient einem Muslim zur Waschung!

Wir staunten, schmunzelten – spürten aber auch, wie seltsam wir es fanden, dass unser weitgehend religionsentleerter Alltag nun durch einen Menschen rhythmisiert wurde, der einem Glauben anhing, dem viele im Westen nicht ganz unerklärlich mit Vorbehalten begegnen. Unvoreingenommen ist wohl niemand mehr, seit sich auf den Islam berufende Attentäter uns immer näher kommen.

Es fällt zunehmend schwer, in Suren aus dem Koran bloß kalligraphische Kunstwerke zu sehen, sich in Moscheen für das körperliche Wogen der Betenden zu begeistern und beim Wort «Allah» nicht auch an Terror zu denken.

Amir haben wir nicht eine Sekunde als irgendwie bedrohlich empfunden. Aber wir waren befremdet von der Art, mit der er seine Religion in unser Haus trug: ohne jede Erklärung, aber rigide in der Ausübung. Nicht Amir hatte uns von seiner Frömmigkeit berichtet, sondern die Helferin aus Sachsen ausrichten lassen, dass wir uns auf einen tiefgläubigen Muslim einzustellen hätten. Warum wagte er es nicht selbst, mit uns darüber zu sprechen? Und wenn Amir von sich aus nichts erzählte: Wollte er dann auch nicht gefragt werden?

Amir

Ich habe mich vor meinem Umzug gefragt, ob meine deutsche Familie Angst vor der Tatsache hat, dass ich Muslim bin. Ja, ich bin Muslim, ich faste. Und ich bete, seit ich zwölf bin, und das fünfmal am Tag. Aber ich bin nicht fanatisch. Einige meiner syrischen Freunde in Deutschland sind viel strenger, manche werfen mir sogar vor, nicht fromm genug zu sein.

Anne, meine Freundin aus Sachsen, wusste, dass ich sehr religiös bin. Ich habe sie gefragt, ob sie Henning das mitteilen könne, als ich mich entschloss, bei seiner Familie zu wohnen. In Sachsen hatten viele Menschen Vorurteile gegenüber Muslimen, und ich wollte sichergehen, dass es für Henning und seine Familie in Ordnung ist, dass ich religiös bin. Als sie es ihm gesagt hat, hat er es akzeptiert und gemeint, das sei okay. So hatte ich das zumindest verstanden.

Als ich bei ihnen einzog, war es komplizierter als gedacht. Vor jedem der fünf Gebete muss ich eine rituelle Reinheit herstellen. Dafür muss ich mir zunächst die Absicht der Waschung bewusst machen, ich muss *«Bismillahi-r-rahmani-r-rahim»* sagen («Im Namen Gottes, des Gnädigen, des Barmherzigen») und mir dann dreimal die Hände waschen, dreimal den Mund ausspülen, dreimal die Nase reinigen, dann dreimal mein Gesicht und die Unterarme waschen, das Kopfhaar mit Wasser benetzen, meine Ohren befeuchten und schließlich auch dreimal die Füße waschen. Neben dieser rituellen Waschung muss ich mich nach jedem Toilettengang waschen; und auch wenn ich eine Frau berührt habe. Erst mit der Waschung ist die rituelle Reinheit wiederhergestellt.

Das Bad im Erdgeschoss ist eng, es ist schwierig, dort die Waschung zu vollziehen. Das Waschbecken ist klein. Wenn ich mir die Füße darin wasche, muss ich mich unglaublich verrenken, und alles wird nass. Oben im Haus gibt es zwar ein Badezimmer mit einer Badewanne, aber ich wollte die Familie nicht stören, vor allem wenn ich spätabends oder frühmorgens bete. Ich wollte auch vermeiden, auf dem Rückweg vom Bad in mein Zimmer jemandem zu begegnen, so nass, wie ich war. Sie würden sicher denken: «Was macht der denn da?» Und wenn ich zum Beispiel zum Beten meine Tür schloss, stellte ich mir vor, sie denken: «Was redet der da, was macht der dadrinnen? Baut er vielleicht gerade eine Bombe?» Am Anfang hatte ich ein bisschen Angst, da habe ich mich ehrlich gesagt nicht sehr wohl gefühlt.

Dann habe ich mir eine Cola-Flasche ins Bad gestellt.

Damit konnte ich mir die Füße über der Toilette waschen, ohne mich übermäßig stark zu verrenken und ohne das Bad unter Wasser zu setzen.

Unter lauter Muslimen in der Flüchtlingsunterkunft waren die Waschungen weniger unangenehm. Jetzt, bei der Familie, habe ich mich anfangs von vormittags bis zum Sonnenuntergang zusammengerissen, um nicht auf die Toilette gehen zu müssen, damit ich mich nicht noch einmal waschen musste. Manchmal trocknete ich alles mit der Fußmatte ab, die auf dem Boden liegt. In Syrien haben die Badezimmer einen Abfluss, der das Wasser aufnimmt. Reichere Familien haben oft ein Bidet, sodass die Waschung nach dem Klogang leichter fällt.

Einmal hat Henning mich gefragt, was die leere Cola-Flasche im Bad mache und ob sie mir gehöre. Ich hatte Sorge, er würde denken, dass ich Wasser daraus getrunken und sie dort vergessen habe. Ganz zu Beginn meiner Zeit im Haus hatte ich sie sogar versteckt, aber später dachte ich mir: «Was soll's, das gehört zu mir, er wird es schon akzeptieren.» Also habe ich ihm gesagt, ich bräuchte die Flasche für die rituelle Waschung vor dem Gebet. Es ist schwierig, den Deutschen das alles zu erklären, sie kennen die Details gar nicht. Was den Islam angeht, sind da bei ihnen mehr Gefühle als Wissen.

Henning

Es war tragisch. In den ersten Tagen des neuen Jahres sprachen wir mit Amir über die Vorzüge einer Monatskarte für Bus und Bahn, und er traute sich zu sagen, dass ihm unser Schlafsofa zu hart sei, woraufhin wir eine Matratze aus dem Keller holten. Doch was die Religiosität anging, diesen Kern- und Knackpunkt aller Integrationsdebatten: Ausgerechnet da wuchs ein Vakuum aus Unausgesprochenem und Ungefragtem. Ein schamvolles Schweigen, in dem – das glaube ich heute verstanden zu haben – die ganze aktuelle Zerrüttung zwischen zwei Weltreligionen wiederhallte. Amir schien das Demütigungsgefühl des Nahen Ostens in unser Haus gebracht zu haben, wo es wiederum auf die Islamängste des Westens traf. Das hier würde etwas anderes werden als die Aufnahme eines Gastschülers aus England oder Frankreich. Es war, als müssten Amir als Flüchtling und wir als Familie antreten gegen all die gegenseitigen Vorurteile und Vorbehalte zweier Kulturkreise, gegen das Narrativ der Geschichtsbücher und gegen die *Breaking News* der Fernsehnachrichten – ein christlich-islamischer Dialog im Kleinen, ohne Dolmetscher und Diplomaten, Ausgang offen.

Schon die Annahme, wir seien unvoreingenommen, hatte sich als falsch herausgestellt. Nun kam noch die Einsicht hinzu: Wir waren auch total unvorbereitet! Zwar war ich als Journalist vor Hosni Mubaraks Sturz einige Tage in Ägypten gewesen. Nach der Revolution dann eine Woche in Tunesien. Und im bislang letzten Krieg zwischen Palästinensern und Israelis, während eines kurzen Waffenstillstands, für vierundzwanzig Stunden im Gaza-Streifen. Aber ein Experte bin ich nicht. Eines Abends, als Amir auf sein Zimmer gegangen war, suchte ich in unserem Wohnzimmerregal nach Büchern aus der Region, die wir Europäer Naher und Mittlerer Osten nennen. Ich kam auf acht. Sieben Romane, ein Sachbuch. Geschrieben von Exilanten und Auswandererkindern wie Navid Kermani, Abbas Khider oder Khaled Hosseini - und von dem nur den Weltbestseller *Drachenläufer*. Acht Bücher! Ich habe mehr Romane allein des Amerikaners Philip Roth, sogar des Japaners Haruki Murakami gelesen als von Autoren aus der Riesenregion zwischen Maghreb und Hindukusch.

Warum ist das so? Der Nahe Osten ist überproportional häufig in den Nachrichten vertreten, aber unterrepräsentiert in unserem Bücherregal. Vermutlich gibt es da einen Zusammenhang.

Um das Vakuum zu füllen, zwang ich mich zu Fragen und bat Amir um Antworten.

Amir

Henning weiß ein paar Dinge über den Islam, aber ich bin immer wieder überrascht, wie wenig die Menschen hier über meine Kultur und meinen Glauben wissen. Sie lesen alle so viel, sie haben die Freiheit, sich über alles zu informieren, trotzdem ist ihnen vieles nicht klar. Auch das Haus hier ist voller Bücher; ich habe einem Freund in Syrien ein Foto davon geschickt; er schrieb zurück:

«Wohnst du in einer Bibliothek?» Aber da sind nur Schriften aus der westlichen Welt. Einmal fragte ich Henning, ob er wisse, was Dschihad bedeute. Er sagte: «Natürlich! Dschihad heißt Heiliger Krieg. Terroristen behaupten, sie befänden sich im Heiligen Krieg, wenn sie Anschläge verüben, und berufen sich dabei auf Allah.»

Das ist nicht falsch, aber auch nicht richtig.

Als ich ihm erklärte, was Dschihad wirklich heißt, hat er gestaunt: Wenn man zum Beispiel einer Frau nicht in die Augen schaut, ist das auch eine Form von Dschihad. Oder wenn man humanitäre Organisationen unterstützt, ist das Dschihad. Auch wenn man fastet. Meistens führt ein Muslim einen Dschihad gegen sich selbst, für das Gute und gegen das Böse. Wenn Terroristen allerdings behaupten, ein Anschlag habe etwas mit dem Heiligen Krieg zu tun, dann ist das grundfalsch. Keine Religion erlaubt es, andere Menschen zu töten. Auch der Islam nicht. Nirgendwo steht das.

So wie Henning sich über einige Dinge hinsichtlich meiner Religiosität wundert, so staune ich darüber, dass so wenig Menschen hier in die Kirche gehen. Und das, obwohl sich einige sehr wohl als Christen bezeichnen. Auch Henning sagte in den ersten Tagen zu mir, sie seien Christen. Aber sie beten gar nicht und gehen nicht in die Kirche. Nur die Tochter liest in der Bibel, sie scheint ein bisschen religiös zu sein. Eigentlich ist Henning Atheist. Das finde ich falsch. Atheismus ist im Islam etwas sehr Schlimmes. In Syrien gibt es so gut wie keine Atheisten, nur eine ganz kleine Minderheit. Es gibt Christen, sie glauben immerhin an Gott und fürchten ihn. Aber Atheisten?

«Haben die keinen Verstand, können die nicht denken?», so habe ich über Atheisten gedacht, als ich noch in Syrien war. Und dann kam ich nach Deutschland, besser gesagt nach Ostdeutschland, und da bestand das ganze Volk aus Atheisten. «Oje, wo bin ich denn hier hingeraten?», dachte ich. Anne ist auch Atheistin. Aber ich habe gesehen, dass sie ein sehr guter Mensch ist. «Atheistin und ein guter Mensch? Wie geht das zusammen?», dachte ich zuerst.

In Syrien bin ich jeden Freitag zum Gebet in die Moschee gegangen, fast immer in die gleiche Moschee bei mir in der Nähe. In Hamburg war es am Anfang nicht leicht, eine Moschee zu finden. Zum Glück hat Nicole mir geholfen. Es ist immer noch nicht ideal, denn viele Moscheen sind türkisch, das heißt, es wird auf Türkisch gepredigt, doch ich verstehe kein Türkisch. Arabische Moscheen kenne ich nicht so viele, bis auf die Al-Nour-Moschee, aber ich habe gehört, dass dort viele Salafisten verkehren. Einmal, als ich probehalber zum Gebet hingehen wollte, stand die Polizei vor der Moschee. Seitdem bin ich nicht wieder hingegangen. Ich möchte auf keinen Fall mit Salafisten in Verbindung gebracht werden. Schon in Syrien hatte ich Angst vor radikalen Islamisten. Deshalb bin ich schließlich doch in eine türkische Moschee gegangen. Nicole hat mir auch eine türkische Moschee bei uns in der Nähe gezeigt, meistens gehe ich aber in eine deutsch-türkische Moschee in Hamburg. Der Imam spricht die Predigt dort erst auf Deutsch, dann auf Türkisch. Ich verstehe zwar nicht alles, aber das ist nicht so schlimm.

Henning

Nun sprachen wir also, aber was bekamen wir zu hören?

Wir erfuhren von Amir, dass seiner Meinung nach Männer Frauen zwar die Hand geben dürfen, allerdings sollten sich alle Beteiligten nachher gründlich waschen. Wenn wir ihn richtig verstanden haben (was nicht immer sicher ist), glaubt Amir außerdem, dass wir alle wirklich von *Adam* und *Hauua*, den Adam und Eva des Koran, abstammen. Zu behaupten, der Mensch sei ein evolutionär gut entwickelter Affe, hält er für Blasphemie. Auch den Urknall habe es nie gegeben, sagt Amir. Es sei alles genau so geschehen wie im Koran und in der Bibel geschrieben.

So denkt ein Student der Mathematik? Der Einbruch der Weltwirklichkeit in unser Zuhause, die Transformation der Fernsehbilder in unsere kleine Lebenswelt, die wir mit Amirs Einzug bewusst provoziert hatten – in jenen Tagen machte sie uns zunächst einmal klar, dass die kulturelle Kluft zwischen diesem jungen Mann aus Syrien und uns größer war als gedacht.

Und dann geschah auch noch die Sache mit dem Glas.

Wir saßen abends am Esstisch beisammen. Amir trank Tee. Ich öffnete mir, wie alle drei oder vier Tage pro Woche, ein Bier und goss es in eines der Gläser, aus denen wir tagsüber Wasser, Saft und Schorlen trinken. Amir fragte, ob es denkbar sei, dass in all unseren Gläsern schon einmal Alkohol gewesen sein könnte.

«Keine Ahnung», sagte ich.

Dann dürfe er, sagte Amir, als Muslim nicht mehr aus

unseren Gläsern trinken – sie seien unrein, solange er nicht jedes einzelne mit Sand ausgerieben und siebenmal mit Wasser gespült habe.

Zu seiner Aussage lachte Amir ein Lachen, das ich nicht lesen konnte. Verbarg er dahinter Verlegenheit angesichts seines Dogmatismus oder Verblüffung über unser Lotterleben? Auch ich täuschte ein Lachen vor, in dem ich Ungläubigkeit angesichts von so viel Gläubigkeit versteckte. Was soll man in so einer Situation auch sagen? Dass diese Regel vermutlich tausend Jahre vor Erfindung der Spülmaschine aufgestellt worden war, im Zeitalter sich vollsaugender Tonkrüge? Dass Amir mit dieser Einstellung in Deutschland einen weiten Weg vor sich haben werde, weil ihm die Einheimischen da kaum entgegenkommen werden? Dass er zwar nie selbst würde Alkohol trinken müssen, um sich zu integrieren, aber es sich und anderen leichter machen könnte, wenn er etwas von der Absolutheit seiner Ansprüche abschliffe?

Ich fragte mich auch, wie sehr Amir nach der langen Isolation in Sachsen das Zusammenleben mit einer deutschen Familie überforderte und ob ein Zuviel und Zuschnell an Anpassungsappellen bei ihm nur zu Abstoßungsreaktionen führen würde.

Ich sagte nichts von alldem. In den darauffolgenden Tagen wühlte es in mir: Wie arrogant waren wir gewesen anzunehmen, in unserem Integrationsexperiment würden wir neutrale Forscher sein! Wir waren selbst Probanden, deren Reaktionen hier getestet wurden! War es respektlos gegenüber Amir, seine Art der Religionsauslegung allzu tradiert zu finden? Oder war Amir respektlos gegenüber uns und unserer Gastfreundschaft, wenn er schon wegen unserer Gläser mäkelte?

Andererseits: Ist Gastfreundschaft noch Gastfreundschaft, wenn man sie mit Einschränkungen versieht? Waren wir nicht tolerant genug für das, was wir uns vorgenommen hatten?

Ein ziemliches Kuddelmuddel an Fragen, aber so ging es nun einmal hin und her in unseren Köpfen.

Amir hingegen fällte einen klaren Entschluss: In den folgenden Wochen trank er zu jeder Tages- und Nachtzeit nur noch aus einem knallroten Becher, den ihm die Sparkasse zur Eröffnung seines Bankkontos geschenkt hatte. Ein Becher ohne Vorbesitzer, Vorgeschichte und Verstöße gegen die Regeln des Koran. Darauf steht: «Meine Stadt heißt Hamburg.»

Amir

Bevor ich zu Hennings Familie zog, war ich mir sicher, dass es Probleme mit dem Essen geben würde. Doch Henning hatte mir schon beim allerersten Treffen mitgeteilt, dass sie kein Schweinefleisch aßen. Als ich dann bei ihnen lebte, stellte sich heraus, dass Henning und die Kinder sogar Vegetarier sind und nur die Mutter ganz selten einmal Fleisch isst. In dieser Hinsicht lief also alles ohne Schwierigkeiten.

Ganz anders war es mit dem Alkohol! Henning hatte mir gesagt, dass er hin und wieder Alkohol trinke. Das machte mir Sorgen. Wie sollte ich verhindern, aus einem Glas zu trinken, in dem einmal Alkohol gewesen war?

Als ich den Becher von der Sparkasse bekam, trank ich daraus alles: Wasser, Tee, Saft. Die Familie wunderte sich bestimmt, dass ich den Becher zehnmal pro Tag benutzte. Aber sicher ist sicher.

In meiner Heimatstadt gab es - soweit ich weiß - nur ein, zwei Lokale und einen einzigen Laden, in denen man Alkohol kaufen konnte. In Damaskus, in Aleppo und in den Küstenstädten ist das anders, einige Gegenden dort sind ähnlich wie Hamburg. Es gibt Kneipen, es wird getrunken und geraucht, und die Frauen bewegen sich ähnlich frei wie in Deutschland. In meiner Heimatstadt habe ich es aber überhaupt nicht erlebt, dass jemand Alkohol getrunken hat. Trinken wird oft mit schlechten Eigenschaften in Verbindung gebracht, einige Betrunkene werden aggressiv und laut. Hier in Deutschland scheint es völlig normal zu sein, dass man abends ein wenig Alkohol trinkt. Manchmal auch ein wenig mehr - an Silvester waren einige Leute ganz schön betrunken, das hatte ich vorher nie gesehen.

Als Henning das erste Mal in meiner Gegenwart Bier trank, fand ich den Geruch sehr eklig. Aber wenn er nun meinetwegen keinen Alkohol trinken würde, wäre mir das unangenehm, dachte ich damals, denn dann würde er sich in meiner Anwesenheit unwohl fühlen.

Nachdem ich erzählt hatte, dass ich nicht aus einem Glas trinken könne, in dem Alkohol gewesen war, deckten wir den Tisch ab und stellten das Geschirr in die Spülmaschine. Henning ging hinauf in sein Zimmer. Nach einer knappen halben Stunde tauchte er wieder auf und sagte: «Ich habe etwas vergessen.» Er öffnete die Spülmaschine, holte das Glas heraus, aus dem er Bier getrunken hatte, spülte es mit der Hand, trocknete es ab und stellte es in den Schrank. Er wollte nicht, dass es zusammen mit meinem Sparkassen-Becher in der Maschine gespült würde.

Dass er extra deshalb wieder aus seinem Zimmer gekommen war, führte mir vor Augen, wie sehr die Familie es mir recht machen wollte und wie schwierig das Zusammenleben mit mir für sie werden würde.

Henning

Ob Amir es ertragen wird, in diesem Buch zu lesen, dass wir ihn einmal ... ja, was eigentlich? Hintergangen haben? Verunsichert von seinen Äußerungen, hatten meine Frau und ich uns auf Amirs Facebook-Account Videos angeschaut, die er gepostet hatte: Auftritte bärtiger Imame, deren Predigten wir nicht verstanden. Einige seiner Links und Likes legten wir einem uns um drei Ecken bekannten arabischen Muttersprachler vor. Der schrieb zurück: Wir hätten da einen harmlosen Muslim aufgenommen, gläubig zwar, aber gut – wobei eben das kein Widerspruch sei. Amirs arabisches, für uns unleserliches WhatsApp-Motto zum Beispiel heiße bloß: *Mohammed – Gott segne ihn und schenke ihm Heil!*

Mein Kurznachrichten-Motto lautet: *Hey, I'm using WhatsApp.* Ich bin katholisch getauft, weiß aber nicht, ob es einen Gott gibt. Meine Frau und ich leben zwar mehr oder weniger nach den Zehn Geboten, das aber einfach deshalb, weil sich viele Gesetze und Gewohnheiten mit ihnen decken. Manchmal glaube ich, dass ich glaube. Meistens glaube ich aber, dass ich nicht glaube. So unklar mein Verhältnis zu Gott ist, so zwiespältig ist meine Beziehung zur Kirche. Einerseits bin ich dankbar, dass da eine uralte Institution ist, die uns herausfordert dadurch, dass sie in Zeiten der Unverbindlichkeit für Verbindlichkeiten steht und seit Jahrtausenden an Idealen und Wertvorstellungen festhält, von denen ich viele teile und manche nicht. Andererseits finde ich das Beharren auf vermeintlich göttlichen Wahrheiten immer dann gefährlich, wenn es dem Machterhalt der Institution dient oder menschenverachtende Auswirkungen hat wie lange Zeit der Umgang mit Homosexuellen und Geschiedenen. Falls ich in Sachen Glaube überhaupt etwas weiß, dann nur dies: So, wie die Entdecker des Mittelalters auf ihren Schiffen nach den Sternen navigierten, bestimme ich meine Position in der Wertewelt dadurch, dass ich immer wieder meine Nähe (und ebenso meinen Abstand!) zu bestimmten Organisationen, Persönlichkeiten und Schriften vermesse. Ein Parteitagsbeschluss der CSU wie auch der Grünen kann dabei genauso wichtig sein wie ein Psalm aus der Bibel, ein Songtext von John Lennon bedeutsamer als ein Gebetstext, und ein Roman mich mehr berühren und mein Handeln stärker beeinflussen als eine Enzyklika des Papstes.

Immerhin ließ Amirs Anwesenheit mich seit langem mal wieder bewusster über mein Verhältnis zu Gott,

Kirche und Religiosität nachdenken. Für Amir blieb das unsichtbar, unsere Sprachschnittmenge war viel zu klein für tiefgreifende Gespräche. In jenen Januartagen schien ihm bei uns ein Gerüst religiöser Rituale und Regeln zu fehlen, das er mit seinem hätte abgleichen können. Einmal sagte er zu uns: «Mit richtigen Christen wär's leichter für mich.»

Und wir, die Viertel-Gläubigen und Halb-Atheisten, brauchten noch eine Weile, um zu begreifen, dass da ein Muslim bei uns eingezogen war, der den Islam gegen die Islamisten verteidigte. Der genau jene, die sich in Syrien auf Gott berufen, für gottlos hält. Der vor genau denen geflohen war, vor denen auch wir uns fürchten.

Außerdem lässt sich auf einer Flucht nichts leichter mitnehmen als Gott. Man muss ihn nicht tragen. Sondern er trägt einen.

Vor dieser Erkenntnis stand leider die Sache in Köln.

Amir

Einige Tage nachdem ich von der Silvesterfeier zurückgekommen war, sah ich auf Facebook einige Posts, die Videos aus der Stadt Köln zeigten. Zunächst konnte ich die Bilder nicht einordnen. Am 4. Januar – dem Tag, an dem die Familie aus dem Urlaub zurückkehren sollte – schaltete ich auf dem Fernseher im Wohnzimmer *Al Jazeera* ein. Dort wurde über Übergriffe auf Frauen berichtet. Ich schaltete weiter zu den deutschen Sendern: Alles war voll mit Berichten über das Ereignis. Es war ein Schock. Ich dachte: «Wir sind hier doch nicht im Zoo. Man kann doch nicht einfach die Frauen angrabschen. Was sind das für Leute?»

Als die Familie dann zurückkam, war zuerst alles ganz normal. Wir haben uns begrüßt, zusammen gegessen. Aber nach einer Weile hatte ich das Gefühl, dass die Tochter mir aus dem Weg ging. Das Mädchen ist fünfzehn. Ich befürchtete, dass sie Angst vor mir hatte. Vielleicht dachte sie, ich sei genauso wie diese Männer in Köln. Ich hatte auch den Eindruck, dass Hennings Frau Nicole mir auswich. Ich habe versucht, beiden die Angst zu nehmen, und habe sie bewusst nicht angesehen. Auch wenn ich Bus oder Bahn gefahren bin, habe ich vermieden, Frauen anzusehen. Ich wollte um jeden Preis verhindern, dass jemand sich von mir bedroht fühlte. Ich bin nicht wie die Leute in Köln, niemand sollte das denken. Es war kompliziert: Bei uns in Syrien ist es nicht üblich, Frauen die Hand zu geben. Ich habe es zwar manchmal getan, aber es ist nicht unsere Tradition. Hier in Deutschland habe ich es dann schon gemacht. Hennings Frau und ich hatten uns anfangs zur Begrüßung und zum Abschied umarmt, aber nach den Ereignissen von Köln nicht mehr. Ich wusste einfach nicht, ob sie Angst vor mir hatte oder ob sie dachte, dass es Teil meiner Religion sei, dass ich Frauen nicht berühren durfte. Und ich traute mich nicht zu fragen. Auf jeden Fall waren die ersten zwei, drei Wochen nach Köln für mich eine Katastrophe. Bislang hatte ich mich bei der Familie recht wohl gefühlt. Nun hatte ich Angst, dass alles anders werden würde.

Henning

Es mag unglaubhaft klingen, aber wir sahen anfangs keinerlei Verbindung zwischen den Nachrichten aus Köln und unserem Leben mit Amir. Der «junge muslimische Mann» in unserem Haus schien mehr um Nähe zu Allah bemüht als um Nähe zu unserer Tochter. Er hatte etwas Mönchisches an sich. Er ging nie aus. Er verabredete sich kaum mit anderen Flüchtlingen. Er las in seinen Schulbüchern. Er schlief viel. Deshalb merkten wir nicht sofort, dass Amir kaum noch aus seinem Zimmer kam. Er vermied es, mit meiner Frau allein in einem Raum zu sein. Er sprach nicht mehr mit unserer Tochter. Er wurde stumm und wirkte leer, als lebe nur noch eine Hülle seiner selbst bei uns.

Amir

Ich hatte das Gefühl, dass das Wort «Flüchtling» in Deutschland über den Winter einen negativen Beiklang bekommen hatte. Dann kamen die Ereignisse von Köln hinzu. Ich dachte sofort: Das hat uns gerade noch gefehlt! Jetzt werden wir Flüchtlinge noch mehr beäugt! Endlich hatte ich die Chance, bei einer deutschen Familie zu wohnen und das Leben und die Kultur hier zu verstehen, und nun hatte ich den Eindruck, mir schlugen von allen Seiten Vorurteile entgegen. Ich hatte große Angst vor bösen Unterstellungen.

Immer wenn ich in einen Supermarkt ging, nahm ich

zum Beispiel alle Quittungen mit nach Hause und hob sie auf. Ich fürchtete, in einem Laden, in dem etwas weggekommen ist, von einer Kamera gefilmt worden zu sein. Ich malte mir aus, wie die Polizei zu mir nach Hause kommen und alles auf den Kopf stellen würde, weil sie mich verdächtigte. Da war es besser, Quittungen vorzeigen zu können.

Wegen der Kameras ging ich im Supermarkt auch nie allzu nah an den Regalen entlang, sondern immer in der Mitte der Gänge. Wenn etwas verschwindet, hätte man sonst glauben können, ich hätte es gestohlen. Ich bin Ausländer, ganz einfach, und man wird immer erst den Ausländer verdächtigen, wenn etwas verschwindet.

Diese Angst begleitet mich noch heute. In einem Restaurant verhalte ich mich ebenfalls immer so unauffällig wie möglich. Einmal ging ich in ein deutsch-türkisches Lokal, in dem die meisten Gäste Deutsche waren. Als ich eintrat, schauten mich alle an. Ich war mir sicher, sie dachten: «Was macht der denn hier? Der hat doch bestimmt kein Geld!» Ich sehe nun einmal aus wie ein Ausländer, egal, wie ich mich verhalte oder was ich anziehe. Wie ein Flüchtling eben. Ich bestellte, und auch der Kellner, der mich die ganze Zeit beobachtete, wird wohl geglaubt haben, ich wollte die Zeche prellen. Also bin ich zu ihm gegangen und habe mein Essen sofort bezahlt. Da war er beruhigt.

Ich kann nicht genau erklären, woher meine Ängste kommen, ich habe selbst bisher keine schlechten Erfahrungen gemacht. Es ist eher ein Gefühl. Einmal war ich in einem Supermarkt und nahm die Quittung wie üblich mit. Die Sachen, die ich kaufe, stecke ich nach dem Bezahlen immer in die eine Seite meiner Tasche. Auf der anderen Seite hatte ich dieses Mal eine volle Flasche Shampoo, weil ich zum Sport gehen wollte. Das Shampoo war fast neu. Dass ich das neue Shampoo dabeihatte, fiel mir erst ein, als ich meine Einkäufe hinter der Kasse in die Tasche gesteckt hatte. Da bekam ich es plötzlich mit der Angst zu tun: Wenn jetzt beim Hinausgehen der Alarm ertönte, aus welchem Grund auch immer, würden alle denken, ich hätte das Shampoo gestohlen, weil es nicht auf der Quittung stand. Natürlich ist dann gar nichts passiert.

Als ich nach Deutschland kam, hatte ich diese Ängste nicht. Aber ich habe hier von Fällen gehört, bei denen Ausländer gestohlen hatten, und nun glaubten die Deutschen bei allen Diebstählen, dass Ausländer die Täter waren. Mir scheint, dass es jedes Mal einen großen Aufschrei in den Medien gibt, wenn ein Ausländer etwas gestohlen hat. Aber wenn es ein Deutscher war? Dann denken sich die Leute: «Na und? Dann hat eben ein Deutscher gestohlen! Das kann vorkommen.» Er wird ganz einfach dafür bestraft. Obwohl beide das gleiche Vergehen begangen haben, ist die Reaktion vollkommen unterschiedlich. Zumindest erlebe ich es so.

Aber wir Flüchtlinge sind nicht so, wie viele Menschen denken. Manche glauben, wir wären gekommen, um Terror zu verbreiten. Einmal haben sie im Fernsehen ein Bild eingeblendet, das die Angst von AfD-Leuten zeigte: Frau Merkel war verschleiert, und der Bundestag hatte Minarette. Es stimmt zwar, dass die meisten Flüchtlinge Muslime sind, aber es gibt auch Christen unter ihnen, es gibt atheistische Flüchtlinge. Natürlich haben die Deutschen das Recht, Angst vor Terrorangriffen zu haben. Ich weiß, was das heißt, ich habe das doch in Syrien kennengelernt! Ich habe auch Angst vor Terrorangriffen. Ich bete immer zu Gott, dass das endlich aufhört mit den Anschlägen. Das hat Deutschland nicht verdient, genauso wenig wie irgendein anderes Land es verdient. Warum sollte ich jetzt hier Probleme machen?

Damals war Köln in allen Medien; die Polizei, die Ministerpräsidentin des Bundeslandes, alle haben über Köln gesprochen. Sogar *Charlie Hebdo* hat den kleinen kurdischen Jungen Aylan gezeichnet, der im Mittelmeer ertrunken ist, und die Frage dazugeschrieben: «Was wäre aus Aylan geworden, wenn er nicht gestorben wäre? Ein Frauengrabscher?» Ist das normal? Vielleicht wäre Aylan Bundeskanzler geworden oder Fußballnationalspieler. Wahrscheinlich hätte er zusammen mit anderen Kindern in Deutschland oder in Frankreich in der Schule gelernt, vielleicht hätte er ein Jahr später fließend Deutsch oder Französisch oder Englisch gesprochen. Hätte er wirklich, wenn er in deutschen Schulen erzogen worden wäre und die deutsche Moral kennengelernt hätte, Frauen angemacht?

Henning

In jenen Tagen, in denen sich Korrespondenten von der Kölner Domplatte meldeten und die Fassade des Hauptbahnhofs öfter in den Nachrichten zu sehen war als das Bundeskanzleramt in Berlin und das Weiße Haus in Washington, fuhren wir mit Amir an die Ostsee, stapften über schneebedeckte Ufer und tranken mit ihm Friesentee in einem Strandcafé, in dem ihn die kristallgroßen Kandiszuckerklumpen ebenso beeindruckten wie die Preise auf der Getränkekarte. Wir streiften mit Amir durch Lübecks spitzgiebelige Altstadt, naschten Marzipan und versuchten ihm, der Shakespeare aus der Schule kannte, die Bedeutung von Thomas Mann und Günter Grass zu erklären. Bloß wie? Sowenig Amir die deutschen Großschriftsteller kannte, so wenig kannten wir eine syrische Entsprechung. So muss es sein, wenn sich ein Blinder mit einer Gehörlosen unterhält. Thomas Mann umschrieben wir als «*the German Shakespeare – but that's completely wrong*». Ein Foto des alten Grimmgesichtes Günter Grass erinnerte Amir an Saddam Hussein. So stümperten wir uns durch die Tage, wanderten mit Amir durch froststarre Wälder, gingen gemeinsam mit Nachbarn Eisstockschießen, zeigten ihm Sankt Pauli und den Hamburger Hafen (vorsichtshalber ohne Reeperbahn) und besuchten eine Ausstellung von Emil Nolde, weil gerade keine andere lief. Ob im Museum, am Meer oder im Restaurant: Stets meinten wir Blicke anderer Passanten wahrzunehmen, ein Stutzen und Taxieren, gefolgt von einem Augenkommentar, den wir uns so übersetzten: «Aha, da führt eine Familie gerade ihren Flüchtling aus.»

Gewissermaßen stimmte das. Weitgehend willenlos folgte Amir uns durch den Januar, trottete die von uns für ihn getroffenen Termine ab und machte, wie zur Selbstvergewisserung, mit seinem Smartphone andauernd

Selfies, die er an Freunde in Sachsen und Syrien schickte. Amir im Schnee. Amir in einer intakten Altstadt. Amir mit einer Tüte gebrannter Mandeln. Amir vor knallbunten Bildern eines ihm unbekannten Malers. Amir, der das Land, die Kulissen, das Leben gewechselt hatte.

Meine Frau und ich dachten damals: Wenn man diesen Strom aus SMS-Nachrichten und Selbstporträts, die Hunderttausende Flüchtlinge jeden Tag, jede Stunde, jede Sekunde in die Welt senden, einmal anhalten und anschauen könnte! Ein Standbild aus Millionen enttäuschten Hoffnungen und erfüllten Sehnsüchten wäre das, eine Collage voller Erkenntnisse und Unverstandenem, ein Weltbildnis des Jetzt. Es wäre das Kunstwerk unserer Zeit.

Werktags ging Amir nun tagsüber zur Sprachschule. Abends, wenn draußen Winterdüsternis über Straßen und Gärten fiel, spielten wir: Tischtennis im Keller, Bowling auf der Spielkonsole, Kniffel und Mikado am Esstisch. Zu unserem Erstaunen kannte Amir beide Spiele nicht, gewann aber andauernd.

Ich kann nicht mehr sagen, wie bewusst oder unbewusst wir uns für dieses Bespaßungsprogramm entschieden hatten. Heute erinnert es mich an das Prinzip Olympische Spiele: Gleichgültig, was draußen auf der Welt passiert, egal, was uns voneinander trennt, wir haben jetzt vier Wochen Freude miteinander. *Don't mix politics with games.*

Amir

Bevor ich nach Deutschland kam, wusste ich sehr wenig über das Land. In der Schule hatte ich seit der ersten Klasse Englischunterricht, wir lernten viel über Großbritannien und Amerika, über das Essen, das Leben und die Menschen dort. Im Fernsehen sah ich viele amerikanische und britische Filme, immer mit arabischen Untertiteln. Deutschland dagegen war für mich: Hitler, Nazis, Mercedes und Bayern München.

In Sachsen hatte ich wenig von Deutschland mitbekommen, nun lernte ich das Land mit der Familie erst richtig kennen. Ich mochte die Ausflüge ans Meer, ich mochte die Kunstausstellung, es war toll, dass der Sprach- und Integrationskurs losging.

Gleichzeitig erlebte ich eine Art zweite Realität, die sich hinter der ersten versteckte und die mich immerzu an meine Heimat, meine Flucht, den Krieg und meine Familie erinnerte: In Syrien bin ich beispielsweise nie am Meer gewesen. Ich habe während meiner Flucht nach Europa, als ich von der Türkei über das Mittelmeer nach Griechenland übersetzte, zum ersten Mal das Meer gesehen. Nun war ich mit der Familie einfach zum Vergnügen am Strand. Natürlich musste ich an die Flucht denken, an das Schlauchboot, das höchstens vier Meter lang war und völlig überfüllt vom türkischen Ufer ablegte, an die zwei Stunden Überfahrt und die glücklicherweise ruhige See.

Auch im Sprachkurs war ich einer besonderen Situation ausgesetzt. Die Deutschlehrerin war halb Deutsche, halb Russin, auch einige Schülerinnen waren aus Russland, und ich hatte das Gefühl, dass die Frontverläufe in Syrien nicht einmal vor meinem Sprachkurs in Deutschland haltmachten. Russland hatte sich schon vor einigen Monaten in den Krieg in Syrien eingemischt, Kampfjets geschickt, Angriffe geflogen. Es machte mich wütend, dass Putin es so darstellte, als wolle er den «Islamischen Staat» schwächen, in Wirklichkeit aber ganz andere Ziele verfolgte. Den Menschen in Syrien hat er damit aus meiner Sicht nicht geholfen. Die Lehrerin und einige der russischen Schüler im Sprachkurs verteidigten Putins Politik, und ich hatte den Eindruck, dass sie mir gegenüber Vorbehalte hatten, weil ich aus Syrien stamme, weil ich Muslim bin und weil ich Russlands Vorgehen in meiner Heimat kritisierte. Ich habe im Unterricht auch viele Fragen gestellt, weil ich die deutsche Sprache wirklich verstehen wollte, aber der Lehrerin gefiel das nicht. Erst hat sie gesagt, ich solle mich melden, wenn ich etwas fragen möchte. Als ich mich gemeldet habe, hat sie mich meistens ignoriert. Ich habe mich sehr unwohl gefühlt.

Nach einer Weile haben wir uns arrangiert, ich meldete mich im Unterricht nicht mehr so viel, dafür bat ich nachmittags Nicole um Hilfe. Ich hatte wirklich viele Fragen. Die deutsche Sprache ist unglaublich schwer. Sich die Artikel «der», «die», «das» zu merken ist schon eine Herausforderung. Dann kommen noch die Fälle hinzu, Genitiv, Dativ, Akkusativ, «des», «dem», «den», «eines», «einem», «einen». Auf Arabisch gibt es nur einen Artikel: «al». Wir sagen: al Tür, al Fenster. Egal, ob es Dativ, Akkusativ, Genitiv, feminin, maskulin oder sonst was ist.

Ich habe mir einen Trick ausgedacht: Ich begreife den Artikel immer als Teil des Wortes. Wenn ich zum Beispiel die Vokabel «Fahrrad» lerne, lerne ich nicht nur «Fahrrad» oder «das Fahrrad», sondern ich versuche es als ein einziges Wort zu denken: «Dasfahrrad». Das funktioniert für mich besser.

Außerdem fällt es mir oft schwer, die Wörter auseinanderzuhalten. Sie sind sich so ähnlich. Auf-schreiben und ein-schreiben – ich verwechsle immer wieder, was wofür steht. Auch: Aus-nahme, Auf-nahme, Über-nahme. Aus-nahme und Auf-nahme sind zwei vollkommen verschiedene Wörter, und doch hängt der Unterschied nur an einem einzigen Buchstaben.

Als ich noch in Syrien zur Uni ging, hatte ich Pläne von Computerprogrammen, an denen ich schrieb, an die Wände meines Zimmers gehängt, um sie nicht zu vergessen. In Deutschland hängte ich jetzt Grammatikregeln auf. In Syrien hatte ich Englisch und auch sieben Jahre Französisch gelernt. Im Deutschkurs fing ich bei null an.

Henning

Manchmal versuchte ich, mich in Amirs Situation hineinzudenken, mich dieser permanenten Überforderung auszusetzen: fremdes Land, fremde Kultur, fremde Sprache. Amir sagt, Deutsch klinge für ihn wie ein Wortgefüge ohne Vokale, immer nur R, K, H, P, V, T, Z und sehr viel SCH.

Da sitze ich also als Amir mit einer Familie am Tisch.

Mutter und Sohn rechts von mir, Vater und Tochter links, ich am Kopf. Wie ein König, zugleich auch Außenseiter. Vor uns stehen Reste des Abendessens. Margarine, Käse, Tomaten und Brot. Kalt und karg, verglichen mit dem, was es bei uns zu Hause so gab. Die vier trinken abends ja noch nicht mal warmen Tee! Sie trinken Saft, gemischt mit Wasser, das im Glas regelrecht kracht vor lauter Kohlensäure.

«SCHVTR», sagt der Sohn und zeigt auf sein Glas.

Womöglich heißt Glas SCHVTR. Oder das Saft-Wasser-Gemisch darin heißt SCHVTR. Oder die Kohlensäure. Oder die Blasen, die wie ein Feuerwerk nach oben perlen.

Ich sage vorsichtshalber: «Ah, SCHVTR!»

Alle nicken.

«KRTZT», sagt die Mutter, und alle erheben sich von ihren Stühlen. Mutter, Vater und Tochter greifen nach den leeren Tellern, der Sohn trollt sich in Richtung Sofa.

«VKSCH RTZT HZ!», ruft der Vater ihm nach.

«PRK», sagt der Sohn.

«VKSCH RTZT HZ», sagt der Vater, leiser jetzt, langsamer, aber die Augenbrauen wie Ausrufezeichen.

«SCH PTZ», murmelt der Sohn, schlurft zum Tisch zurück, nimmt seinen Teller und stellt ihn in die Spülmaschine.

Auf dem Gesicht der größeren Schwester meine ich kurz ein kleines, triumphales Lächeln zu erkennen.

Geschirr klappert, die Kühlschranktür wird geöffnet, macht dabei ein schmatzendes Geräusch, Wasser läuft in die Spüle, Scheppern beim Einräumen der Küchenschränke. Im Hintergrund, wie ein leiser Klangteppich, die

Radionachrichten: «HTZ SCHKSCHZ KRK Syrien VPHV ZSCH RVH Putin SCHZKV Assad PHPSCHRK.» Schon wieder irgendwas passiert zu Hause. Aber was? Syrien, Putin, Assad. Das klang nach etwas Längerfristigem, zum Glück nicht akut. Ich habe in der deutschen Wortlawine nichts gehört, was nach IS klang, auch nicht den Namen meiner Heimatstadt. Werde gleich auf meinem Smartphone mal die arabischen Nachrichtensei…

«PTSCH?», fragt die Tochter.

Was war noch mal PTSCH?

«PTSCH!», sagt der Sohn und zeigt auf eine kleine Schachtel auf dem Tisch.

«Ah, PTSCH», sage ich.

Seit einigen Tagen spielen wir dieses PTSCH. Ein Spiel aus Japan, kannte ich vorher nicht. Ein Haufen dünner Holzstäbe wird auf den Tisch geworfen. Dann muss man Stab für Stab aus dem Durcheinander ziehen, ohne dass irgendetwas wackelt. Ich mag das. Es ist still am Tisch. Wir kommen ohne Sprache aus. Und meistens gewinne ich.

Also PTSCH. Wenn ich mit den Kindern spiele, lasse ich sie gewinnen. Ein bisschen Gewackel ist bei PTSCH ja unauffällig hinzukriegen. Die Große durchschaut mich natürlich und grinst, wenn der Kleine sich über seine Triumphe freut wie ein König. Ich mag ihn. Er ist so sorglos. Kann es sein, dass ich, wenn ich ihn gewinnen lasse, auch mir selbst etwas Gutes tue? Ich will das Lachen dieser Kinder gewinnen. Es macht mich glücklich. Und es stützt meine Position in der Familie.

Heute spielen wir alle, zu fünft. Die Eltern sind abgelenkt, sie scheinen sich über ihren Tag zu unterhalten, über die Arbeit, über zurückliegende und bevorstehende Aufgaben.

«PHPS CHRKZ?», fragt der Vater.

«PRK», sagt die Mutter.

«ZT PHHK KRK», sagt der Vater.

Möglich, dass sie gerade über Kollegen reden. Oder über ihren nächsten Urlaub. Oder über die Klassenarbeiten der Kinder. Das klingt für mich alles gleich.

So geht der Abend dahin, manchmal springen wir ins Englische, alle Stunde höre ich in den Nachrichten zwischen «HTZ SCHKSCHZ KRK» und «VPHV ZSCH RVH» wieder das Wort Syrien. Mal übersetzen sie mir die Meldung, mal geht sie im Alltäglichen unter, mal klingelt es an der Tür, und das Thema Krieg verliert in einer Dringlichkeitskonkurrenz gegen Nachbarn, die ein Ei brauchen.

Eher, als ich es von zu Hause kenne, geht die Familie auseinander. Die Menschen in Deutschland stehen früh auf und gehen früh schlafen. Meine neue Familie hier jedenfalls.

«SCHPZ RKH, Amir!», sagen die Kinder, dann huschen sie die Treppe hoch.

«SCHPZ RKH», sage ich.

In meinem Bett unten im Erdgeschoss gehe ich online und lese die neuesten Meldungen auf Arabisch. Im Zimmer über mir höre ich leise die Mutter und den Vater reden, «rktz schvt ... schppt pkt schz ... zt rhhk.» Sprechen die über mich? Sie könnten jetzt gerade sagen, dass sie langsam die Nase voll von mir haben. Oder dass ich ihnen zu viel bete. Oder dass es gut läuft mit mir. Ich weiß es nicht. Ich schwanke hier zwischen Dankbarkeit und Paranoia.

Wenn ich, Henning, mich dann wieder aus Amirs Situation herausdachte, den Zustand der permanenten Überforderung verließ, als den ich mir sein Dasein bei uns vorstellte, dann grübelte ich: Hoffentlich reden wir langsam genug mit Amir. Hoffentlich reden wir oft genug mit ihm. Hoffentlich reden wir ernsthaft genug mit ihm. Hoffentlich fühlt sich Amir bei uns nicht wie ein Wachkoma-Patient: Gut umsorgt zwar, aber nicht gründlich genug wahrgenommen in all seiner Tiefe, all seinem Empfinden, all seinen Gedanken, all seinem Wissen, all seinem Menschsein.

Amir

Für mich war die erste Zeit mit der Familie ein einziges Zuviel. Zu viele neue Wörter, die in meinen Kopf wollten und sollten, zu viele Eindrücke, zu viele unbekannte Verhaltensweisen, die ich versuchte zu verstehen. Ich hatte einen ganz neuen Lebensrhythmus, lernte unglaublich viele Menschen kennen, ging zu diversen deutschen Behörden. Überall musste ich mich anmelden, abmelden, ummelden, unterschreiben. Jedes Detail war genau geregelt, das kannte ich so aus Syrien nicht.

Schon Kleinigkeiten irritierten mich. Nach unserem Besuch im Museum beispielsweise gingen wir in ein

Restaurant. Eine befreundete Familie war dabei, wir waren insgesamt zwei Elternpaare, deren Kinder und ich. Am Ende fragte der Kellner: «Zusammen oder getrennt?» Es schien völlig normal zu sein, dass jede Familie für sich bezahlte. Das hat mich erstaunt. Wenn ich mit syrischen Freunden ins Restaurant gehe, bezahlt immer einer die Rechnung für alle. Es gehört sich in Syrien nicht, dass einer nur für sich selbst bezahlt, wo doch alle gemeinsam am Tisch sitzen. Ich glaube zwar nicht, dass die Deutschen geizig sind, aber so ganz verstehe ich sie nicht.

Etwas Ähnliches war mir schon in Sachsen passiert. Ich war mit einem Journalisten unterwegs, der einmal zu uns ins Heim kam. Ich konnte kaum Deutsch, es war heiß, und er sagte mir, er wolle einen Saft trinken. Ich dachte, dass man hier wie in Syrien miteinander umgeht, und wartete draußen vor dem Laden auf ihn. Als er wieder herauskam, hatte er nur eine Flasche Saft in der Hand und ging ganz selbstverständlich weiter! Er hatte mich nicht einmal gefragt, ob ich auch etwas trinken möchte. Für mich war es eine peinliche Situation, aber ich habe innerlich gelacht. Ich war wirklich davon ausgegangen, dass er für uns beide etwas zu trinken kauft. In Syrien wäre es absolut undenkbar, etwas für sich zu kaufen und den Freund zuschauen zu lassen.

Ich strengte mich also an, die Deutschen zu verstehen, und stieß auf immer neue Rätsel. Niemand konnte mir genau erklären, was hier eigentlich passierte. Ich hörte so viel Deutsch wie nie zuvor, im Sprachunterricht, in der Familie, auf der Straße, doch ich verstand kaum etwas. Auch das Sprechen fiel mir noch schwer. Wenn man die

Sprache so gut kann, dass man nicht mehr darüber nachdenkt, was man sagen will, sondern automatisch redet, wird es leichter. Aber am Anfang musste ich über jeden Satz, über jedes Wort nachdenken.

Nach einer Weile hatte ich das Gefühl, mein Kopf explodiert. In dieser Zeit bekam ich fürchterliche Kopfschmerzen und Rückenschmerzen. Früher hatte ich fast nie Kopfschmerzen, in Sachsen fing es an, und bei meiner neuen Familie war es in diesen ersten Monaten wirklich schlimm. Ich musste früh ins Bett gehen und viel schlafen. Ich glaube, die Schmerzen hingen damit zusammen, dass mein Kopf arbeitete wie eine Mühle. Irgendwann hatte ich weder Kraft noch Lust zu sprechen.

Ich fühlte mich fremd und sehr einsam. In Syrien hatte ich mich jeden Abend mit Freunden aus der Nachbarschaft getroffen. Wir kannten uns seit der Kindheit und kamen abends wie selbstverständlich zusammen, saßen nach der Arbeit oder nach der Uni auf unserem Hausdach, im Wohnzimmer oder im Garten und quatschten. Hier stand gegenüber des Hauses in den ersten Tagen ein Volkswagen, der sich nicht von der Stelle gerührt hatte, seit ich eingezogen war. Die Straße war leer und still. Ich wusste lange nicht, wie der Nachbar mit dem Volkswagen heißt und was er beruflich macht. Draußen war es kalt, es wurde früh dunkel, die Gärten waren wie tot, jeder schien sich nur in seinem eigenen Haus aufzuhalten. Die Nachbarn kennen sich offenbar oft nicht gut oder gar nicht. Wenn jemand seinen Nachbarn besuchen möchte, muss er einen Termin vereinbaren, als ginge er zu einer Regierungsbehörde. Auch wenn man befreundet ist, trifft man sich höchstens am Wochenende, habe ich gehört. Beinahe vermisste ich das Zusammenleben mit den anderen Syrern in dem Heim in Sachsen. Zumindest waren da viele Leute, in der Gruppe wird es nicht so schnell langweilig. Hier bei der Familie waren die Eltern und die Kinder, und ich fühlte mich beiden nicht ganz zugehörig. Ich war natürlich froh, endlich Kontakt zu Deutschen zu haben, aber gleichzeitig fühlte ich mich sehr, sehr allein.

Henning

Im Winter schlief Amir morgens, solange er konnte, er schien Angst vor dem Aufwachen zu haben, das Bett und die Dunkelheit waren angenehm raum- und zeitlos. Würde er die Zimmertür öffnen, wäre es damit vorbei. Jeden Tag klagte Amir über Kopf- und Rückenschmerzen. Wir gingen zu einem Arzt, der verschrieb ihm Ibuprofen und Geduld.

Für uns, die deutsche Familie, war Amir und alles, was mit ihm zu tun hatte, bloß ein Mehr. Ein Paar Schuhe mehr im Flur. Eine Jacke mehr in der Garderobe. Ein Teller mehr auf dem Tisch. Eine Zahnbürste mehr im Bad. Ein Mehr an Behördenkram. Ein Mehr an Schmutzwäsche. Ein Mehr an Anekdoten. Ein Mehr an Erkenntnis. Ein Mehr an Debattenfutter zu einer Zeit, in der das Land über Grabscher diskutierte, die AfD triumphierte und Europa sich einzuzäunen begann.

Für Amir wurde jedes Mehr – an Eindrücken, an Wortschatz, auch an Verwirrung – zugleich konterkariert von einem Weniger. Mit einem für uns unsichtbaren Verlust an Gewissheiten, an Heimat, vor allem an Familie. Amir hatte seine Eltern und Geschwister in Syrien zurückgelassen. Jeder Tag konnte ihren Tod bringen, jede SMS ein Unheil verkünden.

Es dauerte einige Zeit, bis Amir uns auf wiederholte Nachfragen hin den Stammbaum seiner Familie aufzeichnete: Vater Safwan*, Busfahrer. Mutter Wafaa, Hausfrau. Dreizehn Kinder, darunter ein Bruder, der aus Assads Armee desertiert war und vorübergehend von Rebellen entführt wurde, eine Schwester, deren Mann seit über einem Jahr verschollen ist, und eben er, Amir, der einzige Sohn, der es nach Deutschland schaffte. Auf seinem Handy zeigte uns Amir Bilder der Eltern: eine Frau mit Kopftuch, ein schelmisch blickender Mann. Mit Google Maps flogen wir gemeinsam in seine Heimat, rasten am Computer wie im Sturzflug einem Wüstendorf auf einem erodierten Felsplateau entgegen, daneben der schmale Grüngürtel des Euphrat. Wir sahen rechtwinklige Straßenraster, scharfe Schattenwürfe und sandfarbene Quadrate, eines davon war Amirs Elternhaus. Amir erzählte, dass er in Syriens Sommern unter freiem Himmel geschlafen habe. Er berichtete von Eselsritten und Traktorfahrten, von der Selbstverständlichkeit, den Eltern bei der Feldarbeit zu helfen.

* Alle Namen aus dem Umfeld des Autors Amir Baitar sind geändert. Die seiner Verwandten, um sie in Syrien nicht zu gefährden. Die seiner Freunde in Deutschland, damit sie – unbehelligt vom Echo auf dieses Buch – ihr Leben leben können.

Bis heute ist es kompliziert, mit Amir über Syrien zu reden. Über seine Kindheit dort. Über das Leben, das Amir eigentlich zugedacht gewesen wäre. Über den Krieg, der sich seines Schicksals bemächtigte. Über die politische Position, die er irgendwo zwischen Assad und dem IS bezogen haben muss – bloß wo und welche? Amir erzählt nur wenig. Möchte er Erinnerungen von sich fernhalten? Glaubt er, uns friedensverwöhnte Deutsche mit Kriegs- und Fluchtgeschichten verschonen zu müssen, insbesondere die Kinder? Oder denkt er, wir haben kein Interesse?

Obwohl wir den Eindruck hatten, ihn wieder und wieder gefragt zu haben, hat Amir einmal angedeutet, er sei enttäuscht, wie wenig die Deutschen sich für seine Heimat interessierten. So, wie Amir uns in seiner Tiefgläubigkeit überraschend weltfremd erschien, müssen wir oberflächlich und herablassend auf ihn gewirkt haben, was unsere Syrienkenntnisse anging: Schon Deir ez-Zor, die Stadt, aus der Amir geflohen war, sagte uns nichts. Ein Ortsname, zu dem wir kein Bild und kein Gefühl hatten, weil er uns in den Nachrichten nie begegnet, in der Wahrnehmung des Westens durchgerutscht war. Kein Aleppo, kein Homs, kein Damaskus. Keine von den Medien auserkorene Heldenstadt, auch keine weltbekannte Ortsmarke für die Hölle auf Erden, sondern eine Stadt, die wir bei Google mal als Deir ez-Zor, mal als Deirezzor, mal als Deir al-Sor und mal als Dair az-Zaur wiederfanden. Amir beschrieb uns seine Stadt als eine Art Millionenmetropole, auf Wikipedia fanden wir einen kurzen Eintrag mit tristen Bildern und kargen Informationen, die eher nach einem Bielefeld am Euphrat klangen: Kulturzentrum, Universität, Ölindustrie. Provinz.

Auf seinem Zimmer schaute Amir abends häufig *Al Jazeera*. Putin bombardierte die Rebellen. In der von Regierungstruppen eingekesselten Stadt Madaja verhungerten die Menschen. In Deir ez-Zor massakrierte der IS an die einhundert Menschen. Waffenstillstände wurden geschlossen und gebrochen. Täglich starben Menschen, sterben Menschen, werden Menschen sterben.

Wie soll man sich dazu verhalten? So, wie Amir zum ersten Mal in seinem Leben Flüchtling ist, sind wir zum ersten Mal Gastfamilie. In unserer eigenen Wahrnehmung fragten wir Amir andauernd, was die neuesten Nachrichten für ihn und seine Familie bedeuteten, beugten uns über die trügerisch bunten Frontverlaufskarten aus Syrien, die aussehen wie Farbklecksbilder aus dem Kindergarten. Aber jeden Tag? Immer einen Breaking-News-Balken vor Augen? Oder doch einmal ein Champions-League-Spiel oder einen Tatort anschauen? Mit Nachbarn über Nichtigkeiten wie Rasendünger reden? Ein Wochenende mit Nichtstun verplempern?

Seit Amir bei uns eingezogen war, hatten wir eher zwangsläufig als zielgerichtet Kontakt zu einem Helferkreis in unserer Stadt aufgenommen. Unter den vielen Freiwilligen war anfangs niemand, der wie wir einen Flüchtling bei sich zu Hause aufgenommen hatte – dennoch kamen mir die meisten Helfer irgendwie engagierter und interessierter vor, als wir selbst uns fühlten. Da waren Pfarrer, Lehrer, Rentner, Pensionäre und Alleinstehende mit sehr viel Zeit. Es gab Menschen, die «antirassistische

Fußballturniere» veranstalteten, andere kümmerten sich als «Zeitspender» um die Alphabetisierung von Frauen oder betreuten eine «Nähwerkstatt». Wir bekamen E-Mails von Helfern, die sich immer tiefer in Religion und Kultur der Syrer, Afghanen und Iraker einlasen und Bücher oder Essays mit Titeln wie *Die syro-aramäische Lesart des Koran* oder *Monotheismus und Gewalt* empfahlen.

Da hatten wir das Weltgeschehen in unser Haus gelassen – und fühlten uns zugleich unzulänglicher als je zuvor. Mal angenommen, wir taten mit Amirs Aufnahme etwas Gutes: Genau das führte erst zu dem dumpfen Gefühl, es ginge noch besser. Ich hätte nun ein neuntes, zehntes, elftes Buch über den Nahen Osten lesen können, aber ich kam nicht dazu.

Während Amir täglich neue Frontverläufe studierte, versuchten meine Frau und ich, uns klarzuwerden, wo eigentlich die Grenze zwischen Ignoranz und Empathie verläuft. Und wo aus Willkommenskultur Überidentifikation zu werden droht.

Als Amir zu uns zog, war Deutschland längst in den Zustand der Ermattung geraten, was die Flüchtlinge anging. Jetzt waren auch wir abends manchmal müde. Ohnehin geht es in einer Familie nicht zu wie bei einem *Arte*-Themenabend oder im *Deutschlandradio*, wo stundenlang sonor informiert, nachgefragt und abgewogen wird. Bei uns geht es um Hausaufgaben, Einkaufszettel, Elternabende, Zahnarzttermine, Steuererklärungen, Rasenmähen, bevorstehende Klassenarbeiten der Kinder oder auch nur verschimmelten Frischkäse im Kühlschrank; Anforderungen des Alltags, die nicht weniger werden, wenn ein Mensch mehr am Tisch sitzt, dessen Impfausweis irgendwo in Syrien liegt, dessen Handy irgendeinen Ladedefekt hat und zu dem das Jobcenter noch diese und jene dringende Nachfrage stellt sowie Dokumente nachfordert, bitte beglaubigt. Da gibt es wenige ruhige Minuten, kaum *Deutschlandradio*-Momente.

Manchmal lagen meine Frau und ich abends im Bett, hörten von unten aufgeregte *Al Jazeera*-Kommentatorenstimmen von neuen Gräueltaten berichten.

In der Dunkelheit unseres Schlafzimmers verhandelten wir flüsternd eine grundsätzliche Integrationsfrage: Inwieweit sollten wir uns auf den Flüchtling in unserem Haus zubewegen - und inwiefern einfach Hilfe leisten, Anschauung geben dadurch, dass wir so sind, wie wir sind? Zeitung lesen, aber auch *Pro7*-Trash gucken. Bei Nachrichten aus Syrien noch genauer hinhören, aber weiter Zeit für unseren Sohn haben, wenn der uns von der Vervollständigung seines Panini-Sammelalbums berichten will. Für die Tochter da sein, mitten in ihrer Pubertät.

Ist das nicht «das», was «wir» «schaffen» sollten? Und kann sich Amir angesichts dieses typisch deutschen Familienschauspiels vor seinen Augen nicht am besten überlegen, wie viel er aus seinem alten Leben mit den Möglichkeiten eines neuen Lebens hier kombinieren könnte?

Amir

Es gab ein Leben vor dem Krieg. Das vergisst man schnell, wenn man heute über Syrien spricht. Ich habe sehr schöne Erinnerungen an meine Kindheit in Syrien. Ich bin in einer eher ländlichen Gegend aufgewachsen. Wir hatten ein recht großes Haus und eine Anbaufläche um das Haus herum. Bis vor einigen Jahren hat mein Vater als Busfahrer gearbeitet. Er ist ein einfacher Mensch und sehr nett, nicht so streng wie andere Väter. Er hat sein Leben dafür gegeben, damit wir lernen und studieren können und ein besseres Leben haben. Meine Mutter führte den Haushalt, kümmerte sich um uns Kinder und kochte wunderbar.

Unser Haus war sehr schön, der Boden war fruchtbar und wurde durch Brunnenwasser versorgt. Es ist äußerst heiß in Syrien, deshalb verbrauchten wir viel Wasser; die Bäume mussten mindestens zwei- bis dreimal pro Woche gegossen werden. Unser Nachbar hatte viele Olivenbäume, die infolge der Trockenheit eingegangen sind. Auch von unseren Bäumen sind einige verdorrt.

Als ich nach Deutschland kam, hat mich besonders erstaunt, dass die Bäume hier fast immer grün sind. Die Blumenwiesen im Frühling sind traumhaft, so stelle ich mir das Paradies vor. Ich habe meiner Familie viele Fotos davon geschickt.

Einige Häuser in Deutschland haben wunderschöne Gärten. Bei uns in Syrien musste der Garten nicht unbedingt schön aussehen, er war Nutzfläche. Wir haben uns größtenteils selbst versorgt. In unserem Garten standen Granatapfel- und Apfelbäume, Zitronen- und Orangenbäume. Außerdem zogen wir Weintrauben, Tomaten, Auberginen, Zucchini, Gurken und Okraschoten.

Wir hatten auch etwa zwanzig bis dreißig Schafe, die Milch gaben. Meine Mutter hat aus der Milch Käse, Butter und Joghurt zubereitet. Ganz selten haben wir eines der Lämmer geschlachtet. Insgesamt aßen wir eher wenig Fleisch. Manchmal haben wir Hühner auf dem Markt gekauft. Meine Mutter hat auch das Brot selbst gemacht, und meine Schwester hat sehr gern Kuchen und Kekse gebacken.

Meine Grundschule lag nur ein paar Minuten von unserem Haus entfernt. Obwohl ich sehr gut in der Schule war, empfand ich diese Zeit doch als besonders schwer. Der Schuldirektor verstand nur eine einzige Sprache: die der Gewalt. Immer wenn wir etwas falsch gemacht hatten, schlug er uns. Meine Eltern wussten das, es war nicht ungewöhnlich in Syrien. Alle Kinder fürchteten sich vor dem Direktor. Er verbot uns sogar, nach der Schule zu spielen, und drohte uns, alle, die er beim Spielen erwischen würde, am nächsten Tag zu bestrafen.

Natürlich haben wir trotzdem gespielt! Besonders gern war ich mit dem Fahrrad unterwegs. Wir fuhren oft Rennen, das liebte ich. Auch Baseball haben wir gespielt und natürlich Fußball. In der Nähe meines Zuhauses gab es einen Fluss, wo wir häufig mit allen Jungs aus der Nachbarschaft gebadet und getobt und uns ein wenig abgekühlt haben. Die Frauen haben an einer anderen Stelle gebadet. Ich weiß, in Deutschland gibt es diese Trennung der Geschlechter so nicht, aber bei uns war das normal. Darüber hat man sich keine Gedanken gemacht.

Nach sechs Jahren Grundschule kam ich in die Mittelschule, die drei Jahre dauerte, und dann in die Oberschule, quasi das Gymnasium. In der Grundschule waren wir etwa dreißig bis vierzig Schüler pro Klasse, Mädchen und Jungen gemischt. Viele beenden nach der Mittelschule ihre Schullaufbahn. Einige können sich das Gymnasium nicht leisten, denn im Gegensatz zur Grund- und Mittelschule muss man einen geringen Betrag für die Einschreibung bezahlen, fünfhundert Lira im Halbjahr. Das waren damals etwa zehn Euro. Und man musste die Bücher selbst kaufen. Manchmal hat der Direktor beide Augen zugedrückt, sodass die Schüler das Geld später zahlen konnten, zum Beispiel nach der Ernte, wenn die Familie etwas verdient hatte. Meine Noten auf dem Gymnasium schwankten zwischen gut und sehr gut, Physik war mittelmäßig, nur in Arabisch hatte ich sehr schlechte Noten.

Während der Oberschule, als ich fünfzehn, sechzehn war, bin ich in den Schulferien im Sommer einige Monate in den Libanon gegangen, um Geld zu verdienen. Das ist bei uns eine Art Tradition, viele machen in dem Alter solche Ferienjobs. Ich habe auf dem Bau als Maler gearbeitet. Damals war ich noch sehr schmächtig, die Arbeit hat mich wirklich gefordert. Während des Studiums habe ich dann als Lastwagenfahrer in Deir ez-Zor ein wenig Geld zum Familienhaushalt beigesteuert. Auch bei der Arbeit auf unserem Familienacker habe ich immer wieder geholfen.

Die politische Situation war auch in dieser Zeit schon seltsam, wenn ich es recht überlege. Unser Nachbar zum Beispiel wurde verhaftet und sechs Tage lang eingesperrt, weil er verbotene Bücher besaß. Die Bücher wurden verbrannt. Als Kind oder Jugendlicher habe ich das aber ausgeblendet.

Ich wünsche mir, es würde eines Tages ein friedliches Syrien geben, aber ich glaube nicht daran. Vielleicht in sechzig Jahren, aber ich gehe nicht davon aus, dass ich das noch erleben werde.

Henning

Unser Wissen über Amirs Leben gleicht einem Puzzle, in dem die meisten Teile fehlen. Eher beiläufig kam ein Stück zum anderen, etwa wenn wir Radio hörten und Amir bei Meldungen aus dem griechisch-mazedonischen Grenzort Idomeni sagte: «Da war ich auch.» Wenn er erzählte, wie er unterwegs in einen vereisten See einbrach. Und auf seiner Flucht fast alle Zehennägel verlor.

Das größte Loch im Puzzle klafft nach wie vor dort, wo wir den Krieg vermuten. Was wir wissen: Deir ez-Zor ist hart umkämpft, die Bevölkerung im Stellungskrieg zwischen Assads Armee und dem IS gefangen. Einmal hat Amir angedeutet, er habe sich an der Universität Protesten angeschlossen. Wann? Wogegen? Wir wissen es nicht. Wir arbeiten uns gerade rückwärts durch die Geschichte des syrischen Krieges, die größte humanitäre Katastrophe seit 1945, die – schon vergessen – durch ein Graffito ausgelöst wurde, vielmehr durch die staatliche Reaktion darauf. So war es neulich noch einmal in der *Zeit* zu lesen: «Am 6. März 2011 verhafteten und folterten

Sicherheitskräfte in der südsyrischen Stadt Daraa achtzehn Jungen im Alter zwischen 10 und 15 Jahren, weil diese den Satz ‹Das Volk will den Sturz des Regimes› an eine Schulwand gesprüht haben sollen. Wären es nur drei oder fünf Kinder gewesen, hätten die Angehörigen vielleicht aus Angst stillgehalten. Aber 18 betroffene Familien reichten, um erste Großdemonstrationen in Gang zu setzen. Das Regime ließ die Schüler frei, versprach Reformen und schickte Panzer und Scharfschützen. Dutzende von Demonstranten wurden in den folgenden Tagen erschossen, die Stadt wurde abgeriegelt. Einige Wochen später verhafteten Sicherheitskräfte wieder einen Schüler, den 13-jährigen Hamza Ali al-Khatib, und lieferten kurz darauf seine Leiche bei den Eltern ab – mit dem Befehl zu schweigen. Die stellten stattdessen ein Video ins Netz, das seine Foltermale zeigte: Brandwunden, zertrümmerte Kniescheiben, einen gebrochenen Kiefer und abgeschnittene Genitalien. Mit den Bildern des toten Hamza, mit der angestauten Wut auf Korruption und Polizeigewalt breitete sich der Aufstand aus – auf Homs, Hama, Talbiseh, Douma und andere Städte. Fast ein halbes Jahr lang gewaltfrei, obwohl Sicherheitskräfte in dieser Zeit über tausend Menschen töteten und mehrere Tausend verhafteten. Daran sollte man sich erinnern – vor allem jetzt, da gern so getan wird, als wäre die syrische Revolution von Beginn an eine Schlacht zwischen sunnitischen Islamisten und regimetreuen Alawiten gewesen. Das war sie nicht – und hätte es auch nicht werden müssen.»

Nachts hörten wir nun manchmal Amir durch unser Haus laufen, schlaflos. Und wenn der Wind so stand, dass die Flugzeuge genau über unserer Kleinstadt in Richtung des Hamburger Flughafens eindrehten, wenn es dann vom Himmel heulte, sagte Amir, er staune immer noch, dass keine Fassbomben auf uns herabfallen.

Amir

Mein Leben in relativem Frieden endete in meinem zweiten Studienjahr. 2009, im Alter von achtzehn Jahren, hatte ich mein Mathematik- und Informatikstudium begonnen. Ich fuhr täglich in die Stadt zur Universität und lernte Freunde kennen. Das Studentenleben war ganz neu für mich. Auf der Oberschule hatten wir eine Uniform tragen müssen wie beim Militär. Wer sich fünf Minuten verspätete, wurde nicht mehr in den Klassenraum gelassen. Das war in der Universität anders. Der Professor sagte kein Wort, wenn wir eine halbe Stunde zu spät kamen. Und wir trugen unsere normale Kleidung. Insgesamt waren wir viel freier als in der Schule.

In meinem zweiten Jahr an der Universität begannen die Demonstrationen. Als ich zum ersten Mal in meinem Leben Demonstrationen in meinem Land sah, überkam mich ein seltsames Gefühl. Unter dem Assad-Regime hatte es praktisch kein politisches Leben geben, schon allein an den Präsidenten zu denken war komisch.

Jetzt protestierten die Studenten! Zuerst hatte ich Angst, mich zu beteiligen, denn der Geheimdienst war überall und wusste genau, wer mitmachte. Die Offiziere vom Geheimdienst trugen meistens Trainingsanzüge und

Turnschuhe. Oft arbeiteten sie zur Tarnung als Kioskbesitzer, auch als Taxifahrer oder Beamte.

Als die Demonstrationen immer größer wurden und sich nicht mehr nur kleine Gruppen auf die Straße wagten, schloss ich mich ein paar Freunden an und ging ebenfalls demonstrieren. Ich dachte mir, dass die Sicherheitskräfte doch nicht alle verhaften können. Bei meiner ersten Demonstration gab es drei Tote, dennoch ging ich mit einem guten, einem neuen Gefühl nach Hause. Ich überwand meine Angst und ging jede Woche, später jeden Abend auf die Straße, wenn es dunkel war, damit man uns nicht erkannte. Wir forderten nicht einmal viel: Wir wollten nur erreichen, dass der Geheimdienst nicht einfach jemanden von zu Hause weg im Schlafanzug verhaften kann und dass einen die Geheimdienstoffiziere nicht wie Tiere behandelten. Außerdem litt das Volk. Viele konnten sich kaum noch die Grundnahrungsmittel leisten, obwohl alle arbeiteten.

Wir wollten mit unseren Demonstrationen auch die Weltgemeinschaft aufrütteln und zeigen, dass es eine Protestbewegung wie den Arabischen Frühling auch in Syrien gibt und dass wir Unterstützung brauchen. Leider haben wir nicht genug Medienaufmerksamkeit erhalten. Stattdessen wurden wir abgeschlachtet.

Ende Juli 2011, ich war gerade ins Dorf meiner Eltern zurückgekehrt, wurde die Stadt von allen Seiten von der Armee umstellt; viele meiner Freunde wurden von Sicherheitskräften des Regimes verhaftet. Zum Ende des Sommers musste ich an der Universität noch weitere Prüfungen ablegen, für die ich in die Stadt fuhr. Ich stieg in einen Bus und überwand zwei Checkpoints, ohne dass mir auch nur eine Frage gestellt oder meine Taschen kontrolliert wurden. Ich wähnte mich schon in Sicherheit, da tauchte kurz vor dem Busbahnhof eine Straßensperre auf. Ein Soldat hielt unseren Kleinbus an und forderte unsere Personalausweise. Vor Angst wollte mein Herz aufhören zu schlagen. Ein junger Mann musste aussteigen und wurde von den Soldaten mitgenommen. Ich dachte, jetzt sei ich an der Reihe. Ich befürchtete, dass der Geheimdienst meinen Namen bei den Checkpoints hinterlegt hatte und ich im Gefängnis landen und gefoltert werden würde. Niemand wusste genau, wie bestialisch und faschistisch dieses Regime war. Doch plötzlich gab der Soldat allen Fahrgästen ihre Ausweise zurück und befahl dem Fahrer, schnell zu verschwinden.

Mein drittes Studienjahr begann einigermaßen ruhig, doch dann kam es zu Durchsuchungen und willkürlichen Verhaftungen in den Reihen der Studenten, in der Cafeteria, in Seminaren, überall. Wenn meine Kommilitonen zurückkamen, waren sie grün und blau geschlagen, ihre Körper glichen Landkarten. Ich finde kaum Worte für das, was vor sich ging, es war furchtbar. Wir sprachen heimlich mit einigen Professoren, die jedoch auch Angst hatten und nichts tun konnten. In jenem Jahr hatten die Sicherheitskräfte des Regimes die Stadt fest im Griff, es gab keine Demonstrationen mehr, es waren nur noch die Fahrzeuge der Geheimdienste in der Stadt zu sehen, Menschen wurden verhaftet, geschlagen, gedemütigt …

Im Mai 2012 hörte ich zum ersten Mal Maschinengewehrfeuer. Im Juni tauchten Mitglieder der «Freien

Syrischen Armee» (FSA) auf. Wir haben sie damals «die wahren Revolutionäre» genannt, es gab noch keine islamistischen Gruppen, keine Nusra-Front, keinen IS. Die FSA bestand aus desertierten Soldaten und anderen engagierten Menschen. Sie alle wollten die Demonstranten vor dem Geheimdienst und der Armee schützen. Die FSA erhielt enormen Zulauf. Das nahm das Assad-Regime nicht hin; Soldaten der Regierungsarmee fuhren schweres Gerät auf. Wir konnten ganze Kolonnen von Panzern durch die Stadt fahren sehen. Ich fragte mich: Will das Regime gegen einen anderen Staat in den Krieg ziehen? Wir sind doch das eigene Volk!

Es kam zu ersten Kämpfen zwischen den Anhängern des Regimes und den Kämpfern der FSA. Unglücklicherweise spitzte sich die Situation genau zu dem Zeitpunkt zu, als erneut die Prüfungen begannen. Viele Schüler und Studenten starben, als sie auf dem Weg in die Schule oder die Uni waren.

Jetzt, im Sommer 2016, merke ich, wie kompliziert es ist, das Geschehen von damals in Sätze zu fassen. All die Wirren und Wendungen Menschen verständlich zu machen, die den Krieg nicht kennen. Eigentlich müsste ich hier einen Stadtplan zeichnen, mit Straßensperren, Hinterhalten, Schusskorridoren und verschiedenfarbigen Schraffuren. Aber auch das würde nicht genügen, denn alles sortierte sich täglich neu, alles war in unberechenbarer Bewegung, die Armee, die Rebellen und auch ich.

Eines Tages riegelte die Regierungsarmee meine Stadt ab. Abends meldete sich ein Freund aus dem Nachbardorf meiner Eltern. Er wusste um die chaotische Lage. Er besaß ein Taxi und sagte, er wolle versuchen, mich aus der Stadt zu holen. Zwei Stunden später war er an der verabredeten Stelle. Wir fuhren durch ein Wohnviertel, da setzten Schusswechsel ein. Wir warteten, dann fuhren wir weiter. Schließlich mussten wir über eine Brücke. Mein Freund rief, ich solle den Kopf einziehen, weil es dort viele Scharfschützen gebe. Dann raste er los. Kugeln flogen über uns hinweg, doch wir kamen unverletzt auf die andere Flussseite. Ich habe nach diesem Tag das Stadtzentrum lange nicht betreten.

Die Situation verschlimmerte sich immer weiter. Es kam zu Engpässen bei der Strom- und Wasserversorgung, die Preise zogen an, und Truppen des Regimes bombardierten sogar Krankenhäuser und Schulen. Für mich gab es nichts mehr zu tun. Ich konnte nur noch zu Hause sitzen und abwarten. So verging ein Jahr, dann noch eins. Kurzzeitig half ich in der Mittelschule als Mathematik- und Physiklehrer aus, außerdem gab ich Abiturienten nachmittags Nachhilfe. Die Bevölkerung hatte beschlossen, die Schulen wieder zu öffnen und selbständig zu betreiben.

Doch die Lage wurde immer komplizierter, die Regierungsarmee hatte die FSA vertrieben. Seit Anfang 2013 kontrollierte der «Islamische Staat» einen Teil des Umlands von Deir ez-Zor, sukzessive versuchte die Terrorgruppe, die Stadt einzunehmen. Bald war Deir ez-Zor zwischen dem IS und der Regierungsarmee aufgeteilt. Gegen einen geringen Lohn nahm ich wieder einen Job als Lastwagenfahrer an. Ich fuhr frühmorgens los und kehrte spätabends heim. Es war ein gefährlicher Job, ich musste pendeln zwischen den vom IS kontrollierten Regionen und jenen, in denen das Regime die Kontrolle hatte. Aber ich transportierte Benzin, und Benzin brauchten alle.

Einmal fuhr ich durch ein Gebiet der Islamisten in die Regime-Gegend und wurde an der Grenze an einem Checkpoint angehalten. Dort fragte mich ein Mann des IS, was ich machte. Ich sei Student, sagte ich. Da verlangte er meinen Studentenausweis und sagte: «Du lügst, du bist ein Agent des Regimes.» Er fragte, was ich studierte. «Mathematik und Informatik», antwortete ich. «Du studierst westliche Wissenschaften! Wenn du noch mal hierherkommst, wirst du einen Kopf kürzer werden. Hau ab!»

Das war der Moment, in dem ich beschloss, aus Syrien wegzugehen. In die Stadt konnte ich nicht mehr; für junge Männer meines Altes war es zu gefährlich geworden, sowohl an den Checkpoints des Regimes wie auch bei denen des IS. Wenn wir das vom IS kontrollierte Gebiet verließen, wurden wir an den Regime-Checkpoints für Agenten des IS gehalten. An den Checkpoints des IS waren wir Ungläubige und Spione des Regimes. Es war unmöglich geworden, sich aus dem Bürgerkrieg herauszuhalten. Keiner von uns konnte voraussehen, wo er seinen Kopf verlieren oder ins Gefängnis geworfen und gefoltert werden würde. Ich musste das Land verlassen.

Heute ist meine Stadt vom IS umstellt, und in der Stadt selbst wird ein Teil vom IS kontrolliert, der wiederum vom Regime umzingelt ist. Es gibt praktisch keine FSA mehr in Deir ez-Zor. Viele Menschen sterben. Es leben vielleicht noch 250 000 Einwohner dort, und sie verhungern. Es gibt kaum Strom, kaum Benzin, und auch das Wasser reicht nicht mehr für alle.

Henning

Manchmal, abends, hallt Amirs Stimme durch unser Haus, hektischer als sonst, sich überschlagend. Amir klingt, als würde er sich streiten, am Telefon. Als das zum ersten Mal geschah, lief ich zu seinem Zimmer, da stand er, lächelte und flüsterte: «Meine Mama ...» Nun redete, redete, redete Amir, in seiner Sprache, in der Freude und Wut für unsere Ohren nicht zu trennen sind, nicht einmal Antworten und Fragen, hin und wieder hörten wir zwischen allem Arabisch unsere eigenen Namen. Als das Telefonat nach einer halben Stunde verebbte, fragte ich Amir, ob ich mit seiner Mutter sprechen dürfe. Er schaltete den Lautsprecher seines Telefons an und gab es mir. Ich sagte «Hallo» und bat Amir, seiner Mutter zu übersetzen, dass wir uns hier im ihren Sohn kümmern. Sie antwortete etwas, von dem ich nichts verstand und doch alles, denn da war eine Stimme aus dem Krieg, die Stimme eines Menschen in Lebensgefahr, die Stimme einer Frau, die wir vermutlich niemals kennenlernen werden, die Stimme einer Mutter, deren Sohn wir jetzt beherbergen, eine Stimme, die viel fester, klarer, jünger klang, als meine Vorurteile sie einer Mutter von dreizehn Kindern zugestanden hatten. Die Stimme von Wafaa, deren Gesicht ich nur ein einziges Mal auf einem Handyfoto gesehen habe und deren Alter ich nicht kenne, die von da an aber auf eine Art real war, die mich zutiefst erschütterte, weil mir erst während dieses unbeholfenen Telefongesprächs mit einer Frau, so fern und doch ganz nah, bewusst wurde: Wie zufällig wurden wir von dem verschont, was sie erlebt.

Amir

Der Krieg hat meine Familie auseinandergerissen. In unserem Haus in Syrien leben im Moment nur mein Vater und zwei meiner jüngeren Brüder. Sie wollen das Haus nicht verlassen. Wenn sie weggehen, würde das Haus sofort vom «Islamischen Staat» besetzt. Wir könnten nie wieder zurück. Aber es ist sehr gefährlich dort für sie.

Meine Mutter, meine jüngste Schwester und einer meiner Brüder sind mittlerweile geflohen. Sie wollten in die Türkei und dort den weiteren Verlauf des Krieges abwarten, aber die Türken haben sie zuerst wieder über die Grenze zurück nach Syrien geschickt. Dort wurde mein Bruder von der Nusra-Front entführt, aber wieder freigelassen. Die Nusra-Front ist auch eine der Kriegsparteien in Syrien, vielleicht etwas weniger schlimm als der IS, aber ebenfalls eine radikal-islamische Terrororganisation. Alle drei haben es im zweiten Anlauf doch in die Türkei geschafft und leben jetzt dort. Zwei meiner Brüder sind im Libanon. Vier meiner Schwestern leben mit ihren Ehemännern nach wie vor in Deir ez-Zor, eine Schwester lebt mit ihrem Mann und den Kindern in der Türkei.

Ich bin der Einzige aus meiner Familie, der nach Europa wollte, der Einzige, der nun in Deutschland lebt. Täglich erhalte ich Schreckensnachrichten von Freunden und Bekannten, immer habe ich Angst um meine Familie. Ich habe meiner Mutter geraten, auch nach Deutschland zu kommen, aber sie möchte nicht. Wenn, dann möchte sie in Syrien sterben, nicht auf dem Weg nach Europa oder in Deutschland, hat sie gesagt.

Alltag

Henning

Die ersten Wochen mit Amir waren vergangen, wir zählten nun schon in Monaten, und hin und wieder fragten Freunde, was alles anders sei, seit dieser Flüchtling bei uns lebe. Wie es sich anfühle, Küche, Wohnzimmer und auch das Bad mit einem Fremden zu teilen. Ob sprachliche und kulturelle Gemeinsamkeiten wüchsen oder ob wir uns langsam auf die Nerven gingen.

So lange hatten wir noch nie Besuch gehabt, auch nicht vertrauteren.

Die größte Veränderung in jener Zeit hatte aber nichts mit dem üblichen Verdruss zu tun, der Gastfreundschaft meist schon nach wenigen Tagen vergiftet. Es war etwas anderes; etwas, das ich lange nicht in Worte fassen konnte, weil es sehr schwer zu greifen war. Es ist wohl so: Bei uns zu Hause verläuft die Zeit nicht mehr linear. Es ist, als sei unsere Familie in eine Zeitmaschine geraten, als werde sie jeden Tag von neuem in ein anderes Jahrzehnt und in bislang unbekannte Konstellationen geschleudert. Nicht nur dass wir uns angesichts von Amirs Gläubigkeit und Gebetsgemurmel manchmal ins Mittelalter zurückversetzt fühlen. Wir sind zugleich in eine Zukunft gesprungen, von der doch alle sagen, dass sie von millionenfacher Migration geprägt sein wird. Konkreter und früher als

Verwandte, Nachbarn, Freunde erleben wir unser persönliches «Rendezvous mit der Globalisierung», von dem Wolfgang Schäuble sprach.

Aber das ist nicht alles.

Meine Frau und ich haben noch einmal ein Kind bekommen – das allerdings älter ist als unsere erstgeborene Tochter und unser zweitgeborener Sohn. Körperlich ist Amir, dieser bärige Bursche, der männlichste Mann im Haus, sprachlich kommt er etwa auf Grundschulniveau. Unser Sohn hat plötzlich einen großen Bruder, dem er wie einem kleinen Jungen bei den Hausaufgaben hilft. Unsere Tochter wurde spätestens seit Köln in die Rolle der jungen Frau katapultiert. Meine Frau und ich fühlen uns einerseits verjüngt, weil wir noch einmal Unordnung in unser geordnetes Leben gelassen haben. Andererseits kommen wir uns sehr alt und deutsch vor in den Momenten, in denen wir Amirs Bananenschalen aus der Papiertonne klauben.

Hinzu kommt, dass ich mich in meiner Rolle als Vater selten so gefordert gefühlt habe wie bei Amir, der gar nicht mein Sohn ist. Es mag irre klingen, aber bei meinen eigenen Kindern habe ich elterliche Verantwortung stets als etwas Vages empfunden, weder bedrückend noch beängstigend, eher beflügelnd. Kinder werden geboren und wachsen langsam heran. Ihre Eltern können Schritt halten, sie haben Zeit, vorauszudenken oder wenigstens zu reagieren. Und sie können sich rückversichern bei Freundinnen und Freunden, die Kinder im selben Alter haben. In den großen Städten leben ganze Straßenzüge voller Cafés davon, dass junge Eltern andere junge Eltern treffen und bei Cappuccino Junge-Eltern-Gespräche führen.

Bei Amir, für den wir streng genommen gar nicht verantwortlich sind, ist das anders. Wir kennen kaum andere «Flüchtlingseltern». Und bei ihm ist *jetzt alles gleichzeitig* zu tun, da rast die Zeit. Denn ist es nicht so, dass in diesen Monaten seine Biographie neu geschrieben wird? In Syrien war Amirs Leben definiert, er war Sohn eines Busfahrers, Bruder von zwölf Geschwistern und Student. In Friedenszeiten hätte er als Akademiker einen guten Job bekommen, geheiratet und vier oder fünf Kinder gezeugt. Was nun aus ihm wird, ist völlig offen. Seine Lebensgeschichte muss komplett neu verfasst werden – und wir sind so etwas wie die Koautoren. Aber sind wir Inspiration genug? Sprechen wir genügend mit ihm? Müssten wir öfter mit ihm ins Museum gehen – oder zur Entspannung Kanu fahren? Wann ist es Zeit, bei der Universität nachzuhaken wegen Amirs Bewerbung für das Flüchtlings-Probesemester? Gibt es womöglich Stipendien?

Und sollen wir ihm überhaupt so viel helfen? Oder muss er seine Zukunft möglichst selbständig definieren, bevor wir ihm unsere Lebensentwürfe aufdrängen – wie eine Mutter, die es nicht lassen kann, für ihren Sohn Cordhosen zu kaufen? Ist es nicht schon herablassend, einen vierundzwanzigjährigen Mann als drittes Kind im Haus zu betrachten statt als weiteren Erwachsenen?

Ohne dass er das wollte, nahm Amir mehr Zeit und Aufmerksamkeit in Anspruch als unsere beiden Kinder. Wenn in einem Familiengefüge so viel durcheinandergerät, bleiben Streit und Missverständnisse nicht aus.

Unser Sohn beschwerte sich hin und wieder, dass wir Eltern beim Essen zu viel Englisch sprachen (als hätten auch wir das Land gewechselt). Seitdem antworte ich absichtlich immer erst ihm, dann Amir. Unsere Tochter opferte Zeit, die sie auch mit Freundinnen hätte verbringen können, für integrative Mikado-Runden; gerade erst in die gymnasiale Oberstufe gekommen, absolvierte sie parallel so etwas wie ein Freiwilliges Soziales Jahr. Mich selbst erwischte ich oft dabei, dass ich mich zu Hause wie auf einer Bühne verhielt, vor einem Publikum redete, das aus einer einzigen Person bestand: Amir. Fast alles, was ich meinen Kindern erzählte, versah ich mit einer erklärenden Fußnote für ihn. Und wenn Amir, meine Frau und ich Zeit fanden, über die Lage in Syrien zu sprechen, über Palmyra und Putin, über Fassbomben und Flüchtlingskontingente, dann waren es unsere Kinder, die Fußnoten brauchten.

Das ist – bei allen Gewinnen – der Verlust seit Amirs Einzug: Es ist die Beiläufigkeit verloren gegangen. Wenn ich von der Arbeit nach Hause komme, überlege ich noch im Flur, wen ich wie als Erstes begrüße, wen ich wie nach seinen (oder ihren) Erlebnissen frage und wem ich wie von meinen berichte. Aufmerksamkeit ist leider eine endliche Ressource, Zeit ein knappes Gut, das ich bewusster und verkrampfter verteile als je zuvor. Das ist wohl so in Zeiten, in denen Eltern zum Perfektionismus bis hin zum Überkümmern neigen. Wessen Wunsch erfüllen wir hinsichtlich der Abendplanung? Was unternehmen wir am nächsten Wochenende? Bei welcher Gelegenheit wollen wir mal wieder Kernfamilie sein, zu welcher Gartenparty nehmen wir Amir mit? Es beginnt schon bei einer ganz simplen Frage: Was wollen wir essen?

Wir backen jetzt wieder öfter Pfannkuchen. Wir zahlen bei unseren Kindern gerade ein paar Aufmerksamkeitsschulden ab.

Und ich suche Amir gegenüber noch immer meine Rolle, unser Verhältnis sortiert sich beinahe wöchentlich neu. Soll ich Vermieter, Streetworker, Freund, Onkel, Bruder oder Vater für ihn sein? Ist es okay, wenn ich ihm kumpelhaft auf die Schulter klopfe? Wenn ihn Heimweh überkommt: Ist dann eine Umarmung angebracht? Auch seitens meiner Frau? Wir beide bräuchten so eine Art von Sensor wie ihn Autos haben, um das richtige Verhältnis von Nähe und Abstand hinzukriegen.

In der Zeitung las ich neulich ein Interview mit einem Psychiater namens Wielant Machleidt. Seitdem weiß ich, dass Amir mit den gleichen Fragen kämpft, weil auch er in eine Zeitmaschine geraten ist. Wer, wenn nicht er! Der Psychiater ist der Meinung, dass Flüchtlinge, egal welchen Alters, in Deutschland noch einmal so etwas wie die Pubertät durchmachen, dass sie also um Jahre zurückgeworfen werden, was ihr Ich angeht. Der Fachmann sagt es so: «Meine These ist, dass alle Migranten so etwas wie eine erneute Adoleszenz, eine kulturelle Adoleszenz, bei ihrer Integration in das Aufnahmeland durchleben. Ich will es mit einer Analogie beschreiben: Das ganze Leben lässt sich als eine fortlaufende Migration verstehen. Der Mensch entfernt sich im Laufe seiner Entwicklung immer mehr von seinen Bezugspersonen, sprich: seinen Eltern. Der erste große Entwicklungsschritt ist die psychische

Geburt, dabei löst sich das Kleinkind aus der symbiotischen Beziehung zur Mutter. In dem zweiten großen Reifungsschritt der Adoleszenz, also der klassischen Pubertät, löst sich der Jugendliche schrittweise vom Elternhaus ab und entwickelt sich zu einer eigenständigen Persönlichkeit. Die Migration in ein fremdes Land bringt einen dritten Reifungsschritt in Gang, den ich die ‹kulturelle Adoleszenz› genannt habe. In der kulturellen Adoleszenz werden noch mal viele Schritte durchlebt, die schon zuvor im Heimatland vollzogen wurden. Es geht darum, sich erneut abzulösen, diesmal von den Eltern-Surrogaten des Heimatlandes – den Repräsentanten Staat und Gesellschaft. Es geht darum, eine neue Identität zu entwickeln, in die Werte und Haltungen aus der Herkunfts- und der Aufnahmekultur integrativ einfließen. Es geht darum, neue Rollenbilder in der Familie und der Gesellschaft zu übernehmen. Migration ist ein ungeheuer starker Impuls für die Entwicklung – egal, in welchem Alter.»

Manchmal verbrachte der migrationspubertierende Amir in jenen Wochen heitere Abende mit uns. Manchmal verschwand er in seinem Zimmer und lernte deutsche Grammatik: *ich, du, er / sie / es, wir, ihr, sie*. Gelegentlich setzte er sich auf sein klappriges Fahrrad und fuhr weg, um andere Sprachschüler zu treffen.

Obwohl unser einstiges Arbeitszimmer längst Amirs Zimmer geworden war, eine vorhangverdunkelte, etwas zu selten gelüftete Parallelwelt, haben wir uns bei einer seiner letzten Abwesenheiten hineingewagt. Wir hatten Amir im Internet eine Computertastatur mit arabischen Schriftzeichen bestellt, sie kam eingewickelt in einen

Wandkalender islamischer Zeitrechnung, der zufolge wir gerade das Jahr 1437 haben, nicht 2016 – noch so eine Zeitverwirrung. Meine Frau wechselte Amirs Bettwäsche, ich legte Tastatur und Kalender darauf. Irgendwann gingen wir schlafen. Amir war noch unterwegs. Am nächsten Morgen sah ich auf meinem Handy eine Nachricht, abgeschickt um 0.55 Uhr:

> Liebe Mama, Lieber Papa, too especially when I came back from meeting with my friends, I opened my door's room, I watched the kalender I know sofort it is from you, but when I watched my Bett is clean, elegant and nice … Oh my god, I start crying, it is not bad feelings nein, it is a good feeling, I felt that someone really cares about me, I felt that I am between my mother and my father, it is like my mother … I watched the new keybord, I touch it, am I in dream ?
> Liebe Mama, lieber Papa, ich liebe euch so sehr …

Amir

In Deutschland beschäftigte mich nach einiger Zeit nicht nur, dass ganz andere Regeln galten, als ich es gewohnt war. Sondern dass es gar keine Regeln gab. Und meine Regeln galten nichts mehr, auch dort nicht, wo es keine anderen Regeln gab.

Mich hat das anfangs wahnsinnig gemacht. Immer wenn ich glaubte, ich hätte die Menschen verstanden, geriet ich in eine neue Situation, die mich irritierte, über die ich schmunzeln konnte oder mich ärgern musste. Turbulente Zeiten!

Ich habe mir nie im Leben vorstellen können, dass ich zum Beispiel jemals in so eine Situation komme: zu sehen, wie sich zwei Menschen in aller Öffentlichkeit, auf der Straße, im Park oder im Bahnhof vor fremden Leuten küssen. Nicht einmal dass sich ein Ehepaar zu Hause vor Gästen, Freunden oder jemandem, der mit ihm zusammenwohnt, küsst. So etwas hatte ich früher nur in Filmen oder Fernsehserien gesehen, aber nie im richtigen Leben.

Das erste Mal fielen mir fast die Augen raus. Auf meiner Flucht von Syrien nach Deutschland bin ich durch viele Länder gekommen. Als ich mit meinen Freunden in Budapest war und einkaufen gehen wollte, sah ich von weitem in einer Ecke auf der Straße ein Paar. Ich war mir zuerst nicht sicher, ob meine Augen mich trogen oder nicht, aber da standen eindeutig zwei Menschen, die sich berührten und leidenschaftlich küssten, als seien sie zu Hause. «Was ist das denn?», dachte ich und machte gleich meine Freunde darauf aufmerksam: «Guckt mal, was da in der Ecke passiert!» Sie schauten hin und meinten sofort: «Haben die denn keine Wohnung? Ist es ihnen nicht unangenehm, wenn andere sie dabei beobachten?»

In Syrien ist so etwas in der Öffentlichkeit ganz unmöglich. In Ungarn störte sich niemand daran. In Deutschland angekommen, stellte ich fest, dass sich die Menschen auch hier in aller Öffentlichkeit küssen.

Als ich bei Hennings Familie einzog, war ich mir sicher, dass das Ehepaar so etwas nicht in meiner Gegenwart tun würde. Doch da hatte ich mich getäuscht! Eines Tages saß ich mit den Kindern am Tisch, Henning und seine Frau standen in meiner Nähe. Sie unterhielten sich miteinander, und plötzlich, ich wusste gar nicht, was passiert war, umarmten sie sich. Und küssten sich. Oh Gott, war mir das peinlich. Ich konnte mich nicht vom Platz rühren und drehte mich in die andere Richtung, um ihnen das Gefühl zu vermitteln, ich hätte nichts gesehen. Ich wollte sie nicht verstimmen und denken lassen, ich hätte sie beobachtet.

Aber das war eine absurde Idee von mir, denn wenn es ihnen peinlich gewesen wäre, hätten sie sich dann vor mir geküsst? Noch irritierender war für mich, dass auch die Kinder anwesend waren. Für die Eltern ist es offenbar ganz normal, dass sie sich umarmen und Zärtlichkeiten und Küsse tauschen. Sie küssen sich aber nicht nur, wenn sie zusammen sind. Nein, sie küssen sich sogar, wenn sie miteinander telefonieren! Am Telefon!

Nach einigen Wochen hatte ich mich an den Anblick gewöhnt. Ich kümmere mich nicht mehr darum, wenn sie sich küssen. Im Gegenteil, ich finde das mittlerweile schön, denn es zeigt, wie sehr sie sich lieben.

Meine Eltern haben so etwas niemals gemacht. Vielleicht wundern sich die Deutschen, dass meine Eltern sich nie vor ihren Kindern geküsst haben. Genauso wundern wir Syrer uns, wenn wir hier in Deutschland sehen, wie sich die Menschen in der Öffentlichkeit küssen.

Meine Eltern haben das nicht unterlassen, weil sie sich nicht lieben oder weil sie alt geworden sind oder ihre Beziehung abgekühlt wäre, sondern weil diese Dinge bei uns als reine Privatsache und sehr sensibel betrachtet werden. Natürlich küssen und umarmen sie sich, aber zu gegebener Zeit und an geeignetem Ort. Meine Mutter und mein Vater sind wie alle Eltern, sie scherzen, zanken, und wenn es Missverständnisse gibt, streiten sie auch in unserer Gegenwart.

Ich habe Henning und seine Frau noch nie miteinander streiten sehen. Vielleicht haben sie sich noch nie gestritten, seit ich bei ihnen wohne. Oder sie streiten nicht vor ihren Kindern oder vor mir und diskutieren vielleicht stattdessen leise in ihrem Zimmer.

Aber unser Nachbar in Syrien! Der war eine richtige Katastrophe! Er hatte immer Streit mit seiner Frau. Er schlug sie sogar, und die Frau versuchte sich zu wehren. Er schlug sie vor allen Leuten, auch auf der Straße. Wenn ich das Geschrei hörte, lief ich schnell hinaus und versuchte gemeinsam mit anderen, ihn zurückzuhalten. Später dann habe ich sie nicht mehr streiten sehen. Vielleicht haben sie sich über die Jahre besser verstanden.

Henning

Amir war zwei Monate bei uns, als er in seinem neuen deutschen Leben seine ersten eigenständigen Termine machte, die nichts mit staatlichen Vorgaben oder familiären Anregungen zu tun hatten. Es war Februar geworden, in Genf vertagten die syrischen Kriegsparteien ihre Friedensgespräche, türkische Kampfjets bombardierten kurdische Kämpfer, da meldete sich Amir in einem Fitnessstudio an und machte sich an die Rückeroberung seines eigenen Körpers.

Abends kam er shampooduftend nach Hause, seine Kopfschmerzen ließen nach. Amir wirkte glücklich – und verwirrt. In der Männerumkleide, erzählte er, gingen die Deutschen nackt von ihrem Spind unter die Dusche. Und ebenso nackt liefen sie aus der Dusche zurück zu ihrem Spind!

«Ist das normal?», fragte er.

Ja, schon.

«Das geht nicht», sagte Amir.

Nacktheit vor – und von – Fremden schien undenkbar für ihn. Nun sah er teigweiße Typen durch die Umkleidekabine schlurfen, die Gliedmaßen in träger Schwingung. Beschämt rieb sich Amir die Lider, drehte sich zur Wand oder starrte auf sein Handy, das Display als Notausgang für die Augen. Er wartete, bis er allein in der Umkleide war und huschte dann in Unterhose unter die Dusche. Oft dauerte es, bis sich eine Lücke auftat, die groß genug war für seine Schamhaftigkeit. Hin und wieder wurde es spät, bis Amir nach Hause kam ...

Je mehr Eindrücke Amir außerhalb unseres Hauses sammelte, desto entspannter wurde sein Verhältnis zu uns. Wir wurden so etwas wie seine Vertrauensleute, Vermittler zwischen ihm und seiner neuen Umgebung. Wir waren jetzt endlich in *speaking terms*, wie Diplomaten sagen würden; unser ganz privater europäisch-arabischer Dialog gewann an Tiefe.

Am meisten irritierten Amir in Deutschland Phänomene, die wir oftmals mit Freiheit, Pluralismus oder

Eigenmächtigkeit begründen, er aber als Beliebigkeit oder Sittenverfall wahrnahm. Amir begegnete hier Menschen, die ihre Hunde liebkosten, als seien es Kinder; und diese Menschen hatten dann oft tatsächlich keinen einzigen Sohn, keine einzige Tochter. Er sah, dass sich Frauen meist anziehen wie Männer; und dass wir Deutschen uns eigentlich immer gleich kleiden, egal, ob zur Arbeit oder in der Freizeit, ob sonntags oder montags, ob zu Hause oder draußen auf der Straße: Jeans, T-Shirt, Pullover. Er erfuhr, dass Männer und Frauen zusammenziehen, bevor sie verheiratet sind; und dass Verheiratete sich irgendwann wieder trennen.

Amirs meistgesagter Satz in jenen Wochen war: «Das geht nicht.»

Bei fast allem, was ging und was nicht ging, berief sich Amir weiterhin auf den Koran, auf uralte Definitionen von *halal* und *haram*, erlaubt und verboten, rein und unrein. Alkohol und Schweinefleisch sind *haram*, das wussten wir längst. Nacktheit ist *haram*, das überraschte uns nicht. Auch Glücksspiel ist *haram*, sobald es um Geld geht, etwa bei meiner Bundesliga-Tipprunde mit Freunden, bei der jeder zehn Euro jährlich setzt. Das war uns neu.

Amir

Tatsächlich finde ich befremdlich bei den Deutschen, dass sie oft schon zusammenwohnen und erst später überlegen zu heiraten. Das könnte ich mir nicht vorstellen. Wenn ich eine Frau kennenlernen würde, müssten wir zumindest in der Moschee vor einem Imam die Trauung vollziehen. Die Heirat auf dem Standesamt ist dabei nicht so wichtig, aber ein Imam müsste diese Heirat auf jeden Fall billigen. Das ist Teil meines Glaubens.

Auch dass eine Trennung so leicht vonstattengehen kann, finde ich seltsam. Manche Deutsche, die zusammenleben und nach einiger Zeit feststellen, dass sie nicht zueinander passen oder sich nicht mehr lieben, gehen ganz einfach wieder auseinander. Bei uns ist das sogar bei einer Heirat nach Traditionsrecht, also ohne Standesamt, schwierig. Schließlich hat man das Bett miteinander geteilt und vielleicht gemeinsame Kinder. Da kann man sich nicht einfach trennen. Beide Ehegatten müssen Zugeständnisse machen, um zusammenzubleiben.

Auf eine Frage, die mich umtreibt, habe ich bisher noch keine Antwort gefunden: Gelten zwei Menschen, die zusammenleben, ohne verheiratet zu sein, als ledig oder verheiratet? Und was passiert, wenn sie sich trennen? Sind sie dann ledig oder verheiratet oder geschieden?

Bei uns gilt jemand als verheiratet, sobald er sexuellen Kontakt zu einer Frau hatte. Hier aber kann man Kinder haben und trotzdem ledig sein!

Ich habe insgesamt den Eindruck, dass die gesellschaftlichen Beziehungen in Deutschland zerbrechen. Ein Sohn besucht seinen Vater manchmal nur zwei- oder dreimal im Jahr, umgekehrt genauso. Wenn ich verheiratet wäre und weit weg von meinen Eltern wohnte, würde ich sie mindestens zweimal im Monat besuchen.

Auch die Nachbarn sehen sich höchstens einmal im Monat, wenn ich es richtig mitbekomme. Hennings nächsten Nachbarn habe ich in den ersten drei Monaten, in denen ich bei Henning wohnte, nur einmal gesehen, weil er zufällig vorbeikam. Kann man das Nachbarschaft nennen?

Ich wundere mich ebenfalls über die Beerdigungsbräuche. Manchmal frage ich mich, ob die Menschen hier eigentlich nicht sterben. Ich habe in Deutschland noch nie eine Beerdigung gesehen.

Bei uns ziehen die Menschen in einem großen Beerdigungszug durch die Straßen, und die Familie trauert. Die Straße wird gesperrt, man öffnet für zwei oder drei Tage ein Trauerhaus. Ich bin immer zu den Angehörigen gegangen und habe geholfen, ich habe Tee ausgeschenkt, gespült und die Familie unterstützt. Wenn ich in Syrien erfahren habe, dass in einem zwanzig oder dreißig Kilometer entfernten Dorf ein Verwandter, Freund oder Bekannter gestorben ist, dann bin ich sogar dorthin gefahren und habe mindestens einen ganzen Tag dort verbracht. Hier bekomme ich von solchen Bräuchen nichts mit.

Henning

Ich kann nicht sagen, ob Amir inzwischen herausgefunden hat, dass er bei einer eigentlich eher bürgerlichen Familie wohnt; auch wenn sich in mir vieles sträubt, den Begriff «bürgerlich» auf uns anzuwenden. Meine Frau und ich sind seit siebzehn Jahren verheiratet; wenn auch nicht kirchlich. Wir sind für heutige Verhältnisse früh Eltern geworden, mit Ende zwanzig. Wir haben uns in der Multioptionsgesellschaft zeitig aufeinander festgelegt, wir zahlen einen Immobilienkredit ab, füttern Bausparverträge, haben einen Garten angelegt; uns ist wichtig, als Familie täglich gemeinsam zu frühstücken und Abend zu essen. Für all das mussten wir lange das Label «Spießer» ertragen – und haben zuletzt Freunde, die mit Anfang dreißig wegen ihrer Ungebundenheit noch als cool galten, mit Ende vierzig in Einsamkeit versinken sehen.

Amir zweifelt bis heute daran, wenn ich das sage, aber ich bin sicher: Mein Wertegerüst ist ähnlich stabil wie seins, mein Korridor des Erlaubten genauso eng wie seiner; er verläuft nur anderswo. Amir trinkt kein Bier, isst aber Fleisch? Bei mir ist es andersherum. Dazu finde ich Fahrradfahren *halal*, ein zweites Auto hingegen wäre bei unserer Wohnlage *haram*. Joggen ist *halal*, Mikrowellenessen *haram*, Ökostrom *halal*, Tropenholz auf der Terrasse *haram*, und *Arte* ist *halaler* als *RTL2* (für den unwahrscheinlichen Fall, dass sich die Begriffe *halal* und *haram* überhaupt steigern lassen).

Ich behaupte sogar – mit westlicher Arroganz? –, dass einige meiner Werte wertiger sind als Amirs: Während er die für ihn gültigen Regeln des Erlaubten und Verbotenen unhinterfragt hinnimmt, weil er glaubt, sie stammten von Allah, halte ich meine Halals und Harams mehrheitlich für Errungenschaften der Aufklärung und Emanzipation, in gesellschaftlichen Debatten und inneren Monologen erarbeitet und erstritten, häufig wissenschaftlich hergeleitet – und dann erstaunlich oft wieder deckungsgleich mit religiöser Moralvorstellung. Wenn Jesus oder

Mohammed sich heute auf der Erde blicken ließen, hätten sie sicher andere Botschaften als vor Jahrhunderten oder Jahrtausenden. Dann wären zehntausend Flugmeilen sündiger als das Weiterreichen einer Weinflasche. Und das Aufrechterhalten einer Ehefassade, hinter der sich Geringschätzung, Hass oder gar Gewalt verbergen, das schlimmere Vergehen als eine Scheidung.

Seit Amirs Ankunft waren wir gezwungen, einiges, was uns selbstverständlich schien, in Worte zu fassen, ihm zu erklären, vor ihm zu verteidigen. Mit wachsender Wortgewandtheit drängte Amir uns zu einer Art Eigeninventur, die über Zahl und Zusammensetzung der Bücher in unseren Regalen hinausging. Es wäre ja vermessen zu denken, dass immer nur er falschliegt mit seinem Blick auf die Welt. Wann zum Beispiel ist die Trennung eines Paares eine viel zu frühzeitige Kapitulation und wann eine überfällige Befreiung? Wo verläuft die Grenze zwischen Freiheit und Unverbindlichkeit? Wo die zwischen Selbstbestimmung und Egozentrik?

Wir spüren ja selbst, dass den säkularen Gesellschaften Europas derzeit etwas Wesentliches fehlt. Wie verzweifelt wir nach Halt und Sinn und Regeln suchen, verdeutlicht jeder Blick in unsere Buchhandlungen. Die Regale sind voller *Halal*- und *Haram*-Literatur, in Deutschland heißen diese Bücher «Ratgeber». *Dem Leben Sinn geben, Vegan for Starters, Die zehn wichtigsten Fragen des Lebens, Peace Food, Faszientraining*, irgendwo dazwischen vielleicht noch eine Bibel.

Was davon hat wirklich einen Wert, und was ist bloß Geschäftsmodell? Man kann es aufklärerisch, aber auch neurotisch finden, wie die weiße deutsche Mittelschicht bei Marathonläufen ihrem inneren Schweinehund davonläuft. Man kann den großen Anteil von Selbstliebe und Eigennutz in Yoga und Veganismus beklagen. Man kann bedauern, dass eine Gesellschaft wie unsere besonders anfällig dafür ist, sich auf ihrer nervösen Suche nach dem nächsten Neuen und dem besseren Guten in Nebensächlichkeiten zu verlieren und Distinktionsgewinne als Erkenntnisfortschritt zu verbrämen: Wer seinen Eiweißbedarf heute noch nicht mit Quinoa deckt, ist ja längst von gestern.

Bestimmt würde Amir sagen, es sei nicht dasselbe, sich an ewig gültige Gebote zu halten oder alle fünf Jahre dem Zeitgeist in die nächste Modebewegung zu folgen. Dem würde ich zustimmen - und entgegnen: Was ist schlimm daran zu versuchen, alle fünf Jahre etwas anderes richtig zu machen, anstatt ewig an derselben alten falschen Regel festzuhalten, so wie der Vatikan am Verhütungsverbot?

Amir

Wie die Mädchen sich in Deutschland verhalten, fand ich anfangs sehr merkwürdig.

Einmal telefonierte ich mit meiner Schwester. Sie weiß, dass ich bei einer deutschen Familie lebe und dass Henning eine Tochter hat. Die Tochter ist ein ganz ruhiges, liebes und hübsches Mädchen.

Bei uns in Syrien sind die Mädchen sehr neugierig

und wollen alles über die anderen Mädchen wissen. Also fragte mich meine Schwester, wie die Tochter heißt, wie alt sie ist und was für ein Mensch sie ist. Sie wollte unbedingt, dass ich ihr ein Foto von ihr schicke. Deshalb habe ich zwei Selfies zusammen mit der Tochter gemacht und meiner Schwester geschickt.

Hier ist das ganz anders. Kürzlich kam ein Freund der Familie mit seiner Frau und ihren zwei Töchtern zu Besuch. Sie sind etwa im gleichen Alter wie Hennings Tochter.

Wenn in Syrien Mädchen andere Mädchen treffen, wollen sie sich kennenlernen und miteinander reden. Sie ziehen sich gemeinsam in ein Zimmer zurück und schwatzen, tauschen Telefonnummern aus, befreunden sich über Facebook und so weiter.

Aber hier? Das eine Mädchen saß am einen Ende des Tisches, die andere am anderen Ende. Sie haben nicht miteinander geredet und schienen sich nicht füreinander zu interessieren. Weder die Mädchen noch Hennings Tochter haben versucht, miteinander ins Gespräch zu kommen. Und niemand fand das komisch. Warum ist das so? Liegt es daran, dass die Gesellschaft zerbricht?

Das Interesse der Menschen aneinander scheint mir oft nicht besonders groß zu sein. Ich merke das, weil es für mich zum Beispiel sehr schwierig ist, mit Deutschen in Kontakt zu kommen. Wenn in Syrien ein neuer Schüler in unsere Klasse kam, fragten wir ihn aus: Wie heißt du? Wie alt bist du? Woher kommst du? Auch wenn er kein Syrer war, sondern aus einem anderen Land stammte.

Natürlich habe ich durch die Familie Sußebach sehr

viele Menschen getroffen, aber ich wünsche mir einen richtigen Freundeskreis, mit Leuten in meinem Alter. Nur: Wo kann ich solche Freunde kennenlernen? Wo sind die jungen Menschen in Deutschland? Manchmal kommt man mit jemandem in Kontakt, aber es geschieht nicht oft, dass sich jemand wirklich für meine Geschichte interessiert. Dabei müsste es doch spannend sein. Ich komme aus einem Land, in dem Bürgerkrieg herrscht. Ich erlebe eher, dass man kurz über dies und das spricht, dann geht man wieder auseinander, und womöglich trifft man sich nie wieder.

Henning

Das Rollenverhältnis von Frau und Mann: ein großes Thema für Amir und damit auch für uns. Uns irritierte, dass Amir die Gleichheit der Geschlechter als Gleichgültigkeit wahrnahm. Als uns im Frühjahr Freunde besuchten, ein Architektenpaar mit seinen beiden Töchtern, versammelten wir uns alle an unserem großen Küchentisch, der so etwas wie der Marktplatz und das Parlament unseres Hauses ist. Wir aßen Waffeln, quatschten und lachten stundenlang. Unsere Tochter berichtete dem Architekten von ihrem Auslandsaufenthalt. Meine Frau fragte dessen Töchter nach ihren Erlebnissen in der Schule. Die Architektin und ich sprachen, manchmal flüsternd, über unsere Erfahrungen mit pubertierenden Kindern. Alle durcheinander redeten wir über Freude und Frust im Job. Auf einem Laptop zeigten wir uns gegenseitig Urlaubsbilder. Die Espressomaschine seufzte und schnaubte. Eine ganz wunderbare Unisex-Veranstaltung, in der alle mit allen sprachen, gleich welchen Geschlechts und welcher Generation. Amir saß dabei. Nicht immer gelang es uns, ihn ins Gespräch einzubinden.

Bis heute grübeln meine Frau und ich, wie ein Sonntagnachmittag wie jener bei Amir den Eindruck erwecken konnte, die Menschen am Tisch hätten sich nicht füreinander interessiert. Unser stundenlanges Geschnatter und Gerede, sich ständig neu bildende Gesprächskonstellationen über Geschirrgeklapper hinweg: ein Beleg dafür, dass die Gesellschaft zerbricht?! Wäre das nicht eher der Fall, wenn sich die Kinder ins Kinderzimmer zurückzögen, die Männer in irgendeinen Salon, und die Frauen in der Küche blieben?

Amir, so erklären meine Frau und ich uns das, hat bei Geschlechterthemen eine komplett andere Wahrnehmung als wir: Er sah, dass meine Tochter wenig mit den gleichaltrigen Mädchen sprach – und übersah, dass sie umso mehr mit den Erwachsenen am Tisch kommunizierte. Da ist ein Muster: Wenn Männer vermeintliche Frauenarbeit machen, bemerkt Amir das sofort. Wenn Frauen sie erledigen, bleibt das in seinen Augen unsichtbar. Wenn ich koche, wirft mir Amir oft ein Zwinkern zu und fragt ironisch: «Na, Chef?» Dass meine Frau fünf Meter entfernt Wäsche faltet – egal. Wenn ich morgens auf dem Fahrrad zum Regionalbahnhof juckele, nicht selten durch Regen und Sturm, hält Amir das offenkundig für nicht standesgemäß für einen Mann von Mitte vierzig. Zumal auch noch meine Frau unser einziges Auto benutzt! Dass sie viel früher, oft noch im Dunkeln, zur Arbeit aufbricht, um nachmittags die Kinder herumkutschieren zu können, geht nicht in Amirs Ungleichheits-Gleichungen ein, weil es sich dabei ja wieder um vermeintliche Frauenarbeit handelt.

Ich bin oft belustigt. Meine Frau ist manchmal befremdet. Hin und wieder wirft sie mir ein Augenrollen zu. Manchmal machen wir uns einen Spaß daraus, Amir zusätzlich zu irritieren, indem wir vor ihm mit unseren verwirrenden Zuständigkeiten kokettieren: Bei uns zu Hause ist nämlich meine Frau für die gesamte Technik und Elektrik zuständig, weil ich schon zu doof bin, eine Lampe anzuschließen. WLAN-Anschluss, WiFi-Passwort? Frag besser meine Frau, Amir! Ich suche lieber Blumen für den Garten aus und maniküre unsere Rasenkanten.

Amir

Eines Tages wollte mich Henning ins Kino einladen und fragte, wie oft ich früher in Syrien ins Kino gegangen sei. «Nie», antwortete ich, «ich war in meinem ganzen Leben noch nie im Kino.»

Er war bass erstaunt! Wahrscheinlich dachte er bei sich: «Was ist denn das für ein Leben, wenn man keine Filme schaut?»

Tatsächlich weiß er nicht, dass ich unglaublich viele Filme gesehen habe, vielleicht mehr als er. Ich kenne alles: *Harry Potter, Herr der Ringe, Gladiator. 300* ist einer meiner Lieblingsfilme.

In Syrien sah ich gern amerikanische Filme, aber nicht im Kino, sondern im Fernsehen. Ebenso indische und chinesische Filme. Aber wo ich herkomme, gibt es diese Tradition, ins Kino zu gehen, nicht. Es gibt zwar auch in Syrien Kinosäle, aber nur eine kleine Minderheit schaut Filme im Kino, Intellektuelle und Schriftsteller etwa, in den großen Städten wie Damaskus und Aleppo. Ich jedenfalls war niemals dort. Als Student musste ich mit meinem Geld haushalten. Für den Preis eines Kinotickets konnte ich mir zum Beispiel das Skript für eine Vorlesung oder ein wichtiges Buch für die Uni kaufen.

Seit ich in Deutschland bin, wurde ich nun schon mehrmals ins Kino oder ins Theater eingeladen. Zum ersten Mal in meinem Leben ging ich mit Henning ins Kino. Es war ein seltsames Gefühl. Auf dem Weg stellte ich mir vor, wie es wohl sein würde. Ob es eine große Leinwand gäbe wie in den Kinos, die ich aus den Filmen kannte. Ob viele Zuschauer dort sein würden und, und, und …

Wir sahen dann *The Revenant* mit Leonardo DiCaprio, ein sehr blutiger Western. Ich war tatsächlich überrascht, dass die große Leinwand und die starken Lautsprecher einem das Gefühl vermittelten, man erlebe die Ereignisse des Films hautnah mit.

Dann geschah, was ich befürchtet hatte: Henning machte sich Sorgen um mich, denn im Film ging es höchst brutal zu. Der Arme befürchtete, diese Szenen würden mich an die Situation in Syrien erinnern. Aber es waren normale Filmszenen, ganz im Gegensatz zu dem, was ich in Syrien mit eigenen Augen gesehen und mit eigenen Ohren gehört habe, Szenen, die noch immer in meiner Vorstellung weiterleben. Ich wollte ihn beruhigen und sagte: «Mach dir keine Sorgen, der Film gefällt mir sehr gut.»

Abgesehen von den blutigen Szenen, gab es auch herrliche Naturaufnahmen. Ich erzählte Henning später, dass ich auf meiner Flucht durch Europa ganz ähnliche Landschaften durchquert hatte wie Leonardo DiCaprio im Film, in Mazedonien etwa. Ich mochte das Kino. Auf dem Nachhauseweg beschlossen wir, einmal im Monat ins Kino zu gehen.

Henning

Als wolle der Weltenlauf unser kleines Integrationsexperiment am Hamburger Stadtrand verhöhnen, war schon im Januar David Bowie gestorben. Amir war ratlos angesichts des seltsam androgynen Wesens, das er da in Nachrufen und Rückblicken über unseren Fernsehschirm tanzen sah, geschminkt, hüftwackelnd und tonlagenbrechend. Er kannte Bowie nicht und hörte auch von Prince zum ersten Mal zu dessen Tod. Als im Radio täglich Adeles Welthit *Hello* lief und unsere Familie den Backgroundchor gab, sagte Amir, diese Sängerin sei ihm völlig unbekannt.

Ich hatte gedacht, dass sich Pop weniger an Grenzen hält als Politik.

Eines Abends dann saßen meine Tochter und ich im Wohnzimmer und sahen einen Film. *Der große Trip* mit Reese Witherspoon. Eine junge Frau, der ihr Leben entglitten ist, wandert allein durch den Westen der USA, um wieder zu sich zu finden. Amir, von dem wir mittlerweile wussten, dass er für Amerikas Landschaften schwärmte, setzte sich zu uns. Auf dem Bildschirm: Wüsten, Wälder, die Weite des Wilden Westens. Dann kamen die Rückblenden ins Vorleben der Wanderin: Drogen, Suff und Sex. Bei jeder Bettszene rieb sich Amir wie beiläufig die Augen, um nicht hinsehen zu müssen. Ich schämte mich angesichts von Amirs Scham. Wochen später sagte Amir, er habe sich in jenen Momenten für mich geschämt, weil ich meine Tochter diesen Bildern ausgesetzt hatte. Als ich ihr davon erzählte, lachte sie und sagte: «Papa, der Film ist freigegeben ab zwölf.»

Es war seltsam: Je besser wir Amir kennenlernten, desto unklarer wurde, wen wir da vor uns hatten. Amir war so etwas wie ein syrischer Scheinriese. Er wurde zwar nicht kleiner, je näher wir ihm kamen, allerdings unschärfer. Er hatte in Syrien viele Filme gesehen, war aber in Deutschland das erste Mal in seinem Leben ins Kino gegangen. Er kannte Batman und Godzilla, hielt sich bei Sexszenen aber die Augen zu. Er hatte mal Lieder von Michael Jackson gehört, aber nichts von Adele. Für David Bowie war Amir vermutlich zu jung. Oder Bowie hatte es nicht durch die syrische Zensur geschafft. Oder war Bowie nur auf Kanälen und Websites zu sehen, die Amir zu *haram* waren?

Oft fragten wir uns, ob Amir – der eine aus der Million – ein typischer oder untypischer Flüchtling sei und welche Konsequenzen sich daraus für das große deutsche Integrationsexperiment ziehen ließen. Gern hätten wir auseinanderklamüsert, was bei Amir Wesensmerkmal und was Sozialisation war. Was genau hat ihn geprägt? Dass er in einer Diktatur groß wurde? Dass er Muslim ist? Dass er auf dem Land aufwuchs, ohne viele städtische Impulse? Dass er, ein Bauernsohn, zum Akademiker aufstieg?

Je mehr wir uns mit Amir beschäftigten, desto mehr erfuhren wir auch über uns, in diesem Fall über unsere Vorurteile ihm gegenüber, positive wie negative! Als Flüchtling ist Amir zwar ein politisches Thema, das heißt aber nicht, dass er selber politisch ist, dass da gerade eine Million politischer Köpfe ins Land kommen – in dem Sinne, wie wir «politisch» definieren: informiert, debattierfreudig, meinungsstark. Wann hätte Amir sich diese Kompetenzen aneignen sollen, ohne sein Leben aufs Spiel zu setzen?

Auch der Umstand, dass Amir durch halb Europa gelaufen ist, bedeutete nicht automatisch, dass er besonders weltläufig oder auch nur weltneugierig wäre – in dem Sinne, in dem wir «kosmopolitisch» definieren. Amir ist in seinem ganzen Leben nie in einem Flugzeug geflogen, hat nie Urlaub gemacht; das ganze Konzept ist ihm fremd: zum Spaß irgendwohin zu reisen, sich eine Stadt zu erschließen oder ziellos zu flanieren. Niemals fragte er von sich aus, ob wir ihm vielleicht Berlin, das Wattenmeer oder Schloss Neuschwanstein zeigen könnten. Er kaufte sich kein Billigbusticket nach München, ging nicht zum Fußball, radelte nicht zum nahegelegenen Badesee, sogar in unserer kleinen Stadt fuhr er nur ihm bekannte Routen ab, verzweckte Wege zum Bankautomaten, zum Bahnhof, zur Sprachschule. Nachdem seine Welt zwangsweise riesengroß geworden war, verzwergte er sie wieder, ließ tagsüber die Jalousien unten, aß tagelang nur abgepacktes arabisches Brot.

Ein Haus eignet sich für so einen Rückzug womöglich besser als eine Flüchtlingsunterkunft.

Wahrscheinlich ist Amir über ein Jahr nach seiner Ankunft noch immer im Überlebensmodus. Sein Schutz vor zu viel Draußen: seelische Selbstverteidigung. Gut möglich, dass Amirs Bedarf an Neuem und Fremdem für einige Zeit gedeckt ist. Denkbar, dass sich erst seine Kinder die Welt erschließen werden, die ihr Vater ihnen durch seine Flucht zugänglich machte. Ebenso denkbar aber, dass Amir in ein paar Wochen schon ein anderer ist, als wir gerade glauben. Denn wer ist Amir? Wir wissen nicht einmal, inwieweit Amir derzeit überhaupt er selbst ist. Wie sehr er dem Amir ähnelt, der vor zwei Jahren noch auf eine Zukunft in Syrien hoffte – und der in zwei Jahren schon wieder ein anderer Amir sein wird. Wir kennen nur ein ziemlich verwackeltes Standbild aus dem Jahr 2016. Es wäre anmaßend, allzu viele Schlüsse daraus zu ziehen. Wahrscheinlich weiß nicht einmal Amir selbst, wer er gerade ist.

Wer Amirs Ansichten für hinterwäldlerisch hält («hinterwüstig» wäre geographisch treffender), wer dieser Versuchung erliegt, so wie ich, wenn Amir dies nicht kannte und das nicht wusste – der vergisst, dass Wissen nicht nur Leistung ist, sondern auch Luxus. Und was für ein Geschenk es ist, in einer Demokratie zu leben, in der die Medien frei sind, das Internet jedem zugänglich und Widerspruch nicht zum Tod führt, sondern den Diskurs belebt. Machen wir genug daraus?

So viel Amir bei uns übrigens nicht kannte, nicht begriff oder missverstand, so viele Wahrheiten nahm er wahr - mit seinem ihm eigenen Blick. Anders als wir, die nie in Syrien gewesen sind, konnte Amir zwischen dort und hier vergleichen wie ein Ethnologe. Mögen wir noch so viele Metropolen und Museen, Berghütten und Strände kennen. Amir kennt den Krieg.

Amir

Manchmal höre ich von meinem Zimmer aus, wie Mutter und Sohn streiten. Sie werden laut, der Junge wird wütend. Nicole sagt ihm zum Beispiel, was er erledigen muss, sein Zimmer aufräumen oder Hausaufgaben machen oder etwas anderes. Sie diskutiert dabei mit ihm, als spräche sie mit jemandem, der nicht ihr Sohn ist, mit allem Respekt. Ich wundere mich darüber, wie sie miteinander umgehen.

Ich weiß gar nicht, wie ich das beschreiben soll.

In Syrien diskutiert das Kind nicht, wenn ihm etwas gesagt wird, und wenn doch, wird es bestraft. Es wird selten geschlagen, weil es schließlich ein Kind ist, das nicht weiß, was es tut. Aber es muss seinen Eltern gehorchen, denn sie wissen besser, was gut und richtig ist. Wenn mir ein Glas kaputtgegangen wäre, hätte meine Mutter vermutlich gesagt: «Du Trottel, warum hast du das gemacht?» Vielleicht hätte sie mir eine Ohrfeige verpasst. Aber nicht fest, sondern nur um mir Angst zu machen. Hier fragen sie ihre Kinder: «Hast du dich geschnitten?!»

Auch beobachte ich häufig fehlenden Respekt der Kinder gegenüber den Eltern. Angenommen, ich sitze in Syrien auf einem Stuhl und mein Vater kommt herein; dann stehe ich sofort auf, um ihm meinen Stuhl anzubieten. In Deutschland ist es eher umgekehrt. Hier kann es passieren, dass Henning aufsteht und seinem Sohn seinen Platz gibt.

Kürzlich fuhren wir mit der U-Bahn, Henning, die Tochter, ich und eine befreundete Familie. Alle Plätze in der Bahn waren besetzt, dann wurden plötzlich zwei Sitze frei. Und was tat Henning? Er forderte die Kinder auf, sich zu setzen und blieb selbst stehen.

Es kommt auch vor, dass der Junge auf dem Sofa sitzt und mit dem Handy spielt, während Henning mit ihm sprechen möchte. Henning steht dann da, fragt ihn etwas und wartet auf eine Antwort. Mein Vater hätte das nicht akzeptiert.

Bei mir war es bis zuletzt so: Wenn mein Vater mich in einem strengen Ton rief, bekam ich Angst und überlegte, was ich falsch gemacht haben könnte. Es war nicht die Angst, dass er mich schlägt, aber ich mochte ihn nicht verärgern. Hier scheint das den Kindern völlig egal zu sein.

Kürzlich hat der Sohn einen Fehler gemacht, und Henning hat sich geärgert. Da begann der Junge zu weinen. Was tat Henning? Er nahm ihn mit aufs Zimmer und tröstete ihn. Dabei hatte der Junge etwas kaputt gemacht, und das muss er doch auch begreifen. Aber Henning hat ihn beruhigt und mit ihm gesprochen. Bei uns wäre das Kind wahrscheinlich geschlagen worden.

Mein Vater hat mich insgesamt allerdings nur dreimal

geschlagen. Einmal habe ich wirklich eine große Dummheit gemacht. Mein Vater hatte mir die Autoschlüssel gegeben und mich gebeten, einkaufen zu fahren. Ich war siebzehn oder achtzehn Jahre alt. Ich aber gab die Schlüssel meinem kleinen Bruder und beauftragte ihn mit dem Einkauf. Dabei konnte er kaum fahren, er war erst zwölf. Als er zurückkam, war eine Autotür kaputt. Da gab mir mein Vater eine Ohrfeige; er war sehr wütend. Ich hatte es verdient. Ich war einfach zu faul gewesen, selbst zum Laden zu fahren.

Die Eltern hier benutzen auch immer das Wort «Bitte», wenn sie mit ihren Kinder sprechen. Wenn der Sohn etwas falsch macht, sagen sie zu ihm: «Lass das, bitte!» In Syrien erklären wir dem Kind, welchen Fehler es gemacht hat, und warnen es, dass es ihn nicht wiederholen darf – aber «Bitte» sagen Eltern nicht.

Auch beim Essen geht es hier immer höflich zu. Einmal wollte die Tochter sich eine zweite Portion auftun und fragte ihren Vater: «Darf ich noch etwas haben?» Sie nahm sich erst, nachdem der Vater «Ja» gesagt hatte. Genauso der Junge. Dabei war das Essen doch für alle gekocht worden. Ich habe mich wirklich gewundert, denn ich habe meinen Vater oder meine Mutter beim Essen nie gefragt, ob ich noch etwas haben könne. Ich habe gegessen, bis ich satt war.

Wenn die Tochter etwas essen würde, ohne zu fragen, würde sich ja nichts ändern. Im Gegenteil, die Eltern kochen doch, damit die Kinder essen. Irgendwann habe ich dann auch angefangen zu fragen, genau wie die Kinder, denn es ist bei ihnen so Brauch.

Henning

Im März drehte sich etwas: Nach drei Monaten gegenseitigen Verblüffens begannen sowohl Amir als auch ich, spielerisch mit unseren Unterschieden und Gemeinsamkeiten umzugehen.

Wenn ich von der Arbeit nach Hause kam, sagte ich manchmal: «So, Amir, heute mache ich mir einen richtig *haramen* Abend und trinke zum Essen ein Glas Wein.»

«Mach das, deutscher Papa», sagte er dann.

Ich besuchte mit Amir die einzige Shisha-Bar in unserer Stadt und freute mich, wie stolz er seinen Heimvorteil dort ausspielte, kundig mit der glühenden Kohle hantierte, die Geschmacksrichtung «Doppelapfel» empfahl und Rauchringe in die Luft blies. Ich kriegte nur konturlosen Nebel hin.

Zum zweiten Kinobesuch nahm ich unsere Tochter mit, wir sahen einen tieftraurigen Film und heulten alle drei an denselben Stellen. Beim dritten Kinobesuch sahen wir in kompletter Familienformation das *Dschungelbuch*; Amir kannte die Geschichte aus seiner Kindheit.

Ich sprach mit Amir über seinen Eindruck, wir seien zu kumpelhaft und nachlässig gegenüber unseren Kindern, womit er sicher recht habe – sagte ihm aber auch, dass es nun mal komplizierter sei, sich Autorität zu verschaffen, wenn man sich Gewalt auch als letzte Option verbiete.

Manchmal küssten meine Frau und ich uns absichtlich im Wohnzimmer.

Wenn ich auf Dienstreise war, schickte ich Amir WhatsApp-Nachrichten mit Fotos dicker Autos. BMW, Audi, Mercedes, all diese hochglanzlackierten Männerträume:

Guten Morgen, Amir! Wäre das
ein schönes Auto für mich?

Toll! Es ist sehr teuer, oder? Ich
glaube, es ist ein schönes Auto für
dich. Du brauchst es!

Sehr teuer ...

Ist ein Audi, oder? Warum kein
Mercedes?

Warum einen Mercedes?

Mercedes gut für dich.

Amir

Europa ist in Syrien unter anderem für seine Bekleidungsindustrie bekannt. Über das Fernsehen und das Internet war ich, noch in Syrien, über die neueste Mode informiert, es gab schöne und seltsame Kleidung, von guter und schlechter Qualität.

Ich hatte angenommen, dass sich die meisten Menschen in Europa gut kleiden würden, aber als ich hierherkam, wurde ich eines Besseren belehrt. Ich hatte gedacht, die Deutschen trügen bei Festen und auf der Arbeit, im Theater und beim Konzert elegante Kleidung, aber ich musste feststellen, dass sich viele überhaupt nicht um ihre Kleidung kümmern. Nicht weil sie nicht genügend Geld haben, eher aus Gewohnheit.

Henning zum Beispiel geht in bestimmten Kleidern zur Arbeit, und wenn er nach Hause kommt, lässt er sie an, bis er ins Bett geht. In Syrien habe ich in der Schule die Einheitskleidung getragen, die für alle Schüler obligatorisch war. Auf der Uni kleidete ich mich wie die anderen jungen Männer. Auf der Arbeit trug ich Arbeitskleidung und zu Hause eine Jogginghose.

Hier in Deutschland trage ich, wenn ich zur Schule gehe oder mich mit Freunden treffe, eine Jeans, und wenn ich nach Hause komme, ziehe ich mich um, um das Gefühl zu haben, Arbeit oder Schule hinter mir gelassen zu haben. Ich habe mit Henning darüber diskutiert. Auf seine Frage, warum ich mich immer umzöge, wenn ich nach Hause komme, antwortete ich, dass ich die Kleidung, die ich in der Schule trage, nicht zu Hause anhaben möchte, weil sie mir das Gefühl gäbe, noch immer in der Schule zu sein. Jede Zeit und jeder Ort haben ihre eigene Kleidung.

Bei Henning ist es anders. Er besitzt zwar viele schöne Kleidungsstücke, aber ich weiß gar nicht, warum. Seine Frau ist im Gegensatz zu ihm allerdings immer sehr gut angezogen. Einmal waren die beiden zum Geburtstag eines Freundes eingeladen. Ich saß am Tisch, während Henning und seine Frau sich fertig zum Ausgehen machten. Seine Frau sah elegant aus, obwohl sie dieselbe Kleidung trug, mit der sie morgens zur Arbeit gegangen war. Henning jedoch trug einen ganz normalen, ja, geradezu alten Pullover sowie die Hose, die er schon zur Arbeit angezogen hatte. Ich glaubte, er würde sich noch umziehen, aber sie machten sich auf den Weg.

«Gehst du so zur Feier?», fragte ich ihn.

Er antwortete ganz simpel: «Ja.»

Die beiden waren nicht zu vergleichen. Seine Frau war schick, aber er: Oh, mein Gott!

«Das ist deine normale Arbeitskleidung, aber jetzt gehst du zu einer Party! Vielleicht solltest du dir etwas Besseres anziehen. Schau, wie elegant deine Frau ist», sagte ich. Er kümmerte sich nicht um meine Worte und ging.

Wenn Henning sich gut anzieht, sieht auch er elegant aus. Aber er trägt meistens den «alten» Pullover, die Hose und Turnschuhe. Er geht sogar in Turnschuhen zur Arbeit! Wirklich unglaublich!

An einem kalten Tag holte Henning manchmal ein dickes dunkelblaues Winterjackett aus dem Schrank. Es war so alt und abgewetzt, dass ich es nicht anziehen würde, und ich habe auch noch keinen Flüchtling mit so einem alten Jackett gesehen. Was gefällt ihm nur an der Jacke so sehr? Ich fragte mich auch, was seine Frau wohl von der Jacke hielt. Henning ist weder geizig noch arm, aber wenn er das Jackett trägt, lache ich in mich hinein und denke: «Typisch deutsche Klamotten!»

Nach einem Theaterbesuch kam Henning einmal nach Hause und erzählte, er habe eine Krawatte und neue Schuhe getragen. Dann fügte er hinzu: «Aber ich war ungefähr der Einzige, der schick angezogen war. Die anderen hatten die Kleidung an, die sie auch auf der Arbeit tragen.» Da verstand ich, dass Henning nicht allein so ist, sondern die Deutschen insgesamt.

Henning

Es wäre falsch zu glauben, Amir habe kein Stil- oder Modebewusstsein, nur weil er bloß mit einer Tasche und einer Tüte bei uns eingezogen war und immer in regengrauer Jogginghose durch unser Haus lief. Wann immer wir mit ihm in unserer Kleinstadt unterwegs waren, wurde das zu einem heiklen Vergnügen. Das Durchschnittsalter der Menschen in Syrien lag vor Kriegsbeginn bei einundzwanzig Jahren. Dass es in Deutschland mittlerweile bei vierundvierzig angelangt ist, ist unserer Stadt und ihren Bewohnern anzusehen und erschüttert Amir immer wieder: so viele Apotheken, Drogerien und Optiker. So viele Brillenträger. So viele Kahlköpfe. So viele Menschen in Funktionsjacken und bequemen Schuhen, in Praktischem, Sackigem und Beuligem, in Hanseatenblau und Rentnerbeige. Eine Feier des Lebens, des Friedens, der Freiheit, auch des relativen Wohlstandes hier? Sieht anders aus.

«Das geht nicht», sagte Amir dann wieder.

Ich pflichtete ihm bei und freute mich kurz über unsere Komplizenschaft. Dann fiel mir ein, dass ich eine Brille trage, eine Glatze habe und vierundvierzig bin. Momente sind das, in denen das Selbstbewusstsein um Jahre altert.

Jeden Morgen kommt Amir parfümiert und glatt rasiert aus unserem Bad, das wellig-schwarze Haar mit Gel gebändigt. Hin und wieder lässt er mich wissen, was er an mir auszusetzen hat. Die Glatze? Wohl Pech. Die Kurzsichtigkeit? Ein Schicksalsschlag, der ihn hoffentlich nie ereilt. Meine vieltaschige Horst-Schimanski-Jacke, die ich trug, als ich ihn vom Bahnhof abholte? Ein absoluter Gammel. Mein etwas unentschlossener Dreitagebart, der unkonturiert den Hals hinabwuchert? Damit sei ich optisch näher am IS als er! In Großstädten wie Hamburg, München und Berlin ist der Hipsterbart vom Terroristenbart ja auch wirklich nicht mehr zu unterscheiden. Seit Amir mir das klargemacht hat, gehe ich beim Rasieren schärfer ran.

Amir lobt mich, wenn ich mal meine braunen Lederschuhe trage. Fast überschwänglich wirkt er, wenn er mich im Sakko sieht. Viele unserer Nachbarn nennt er «typisch deutsch», was nicht als Kompliment gemeint ist, weder für die Deutschen im Ganzen noch für die Nachbarn im Speziellen.

Noch nicht herausgefunden haben wir, was Amir über das unbestreitbar ganz besonders Schlunzige und Sandalige der politisch eher linken Flüchtlingsfreunde denkt, mit denen er sich einmal in der Woche in der Stadtbibliothek zum Deutschlernen trifft. Diejenigen, die sich am meisten um ihn kümmern, entsprechen am wenigsten seinem Schönheitsideal. Krawatten, Manschettenknöpfe und Budapester Schuhe tragen eher seine Feinde, die «Feschisten» wie Björn Höcke von der AfD und Norbert Hofer von der FPÖ, mit denen Amir in manchen Werte-,

Erziehungs- und Genderfragen wahrscheinlich eher einer Meinung wäre als mit flüchtlingsfreundlichen Patchwork-Papas und Gleichstellungsbeauftragten.

Die Guten sind schlecht angezogen – und die Schlechten gut? Was für ein Durcheinander!

Ich überlege noch, was angesichts dessen zu tun ist: Ich könnte Amir einen saukomplizierten und etwas wirren Vortrag halten über Hippies, Achtundsechziger, Popper und Punks und über eine historisch begründete Abneigung gegenüber allerlei Uniformen, einen Vortrag über Bügelfaltenbücklinge und über Postmaterialismus, der spätestens an dem Punkt ins Verlogene kippen würde, an dem zu erwähnen wäre, dass eine Regenjacke von Jack Wolfskin genauso teuer ist wie ein Anzug von Boss.

Oder ich könnte mich einfach besser kleiden.

Amir

Die Kleidung ist das eine. Noch mehr überrascht haben mich die Essgewohnheiten:

Seit ich Syrien verlassen habe, habe ich kein arabisches Essen mehr gegessen. In der Türkei und auf dem Weg nach Deutschland haben meine Freunde und ich Fertiggerichte gekauft. In Sachsen hat man uns im Erstaufnahmelager anfangs ein sehr deutsches, spezielles Essen serviert. Wir fanden es komisch, weil es ganz anders zubereitet war als bei uns in Syrien. Ich dachte mir, privat kochen die Deutschen bestimmt besser.

An meinem ersten Tag bei Henning gab es dann ja ein syrisches Gericht. Das hat mich gefreut, ich wunderte mich aber gleichzeitig. Woher kannte die Familie das Rezept, und wie hatte sie das Essen zubereiten können? Henning erzählte mir, dass er das Rezept aus dem Internet habe, aber auch ein arabisches Kochbuch besitze. Das Essen war zwar gut, doch es schmeckte anders als bei uns. Was so anders war, kann ich gar nicht genau sagen. Vielleicht lag es einfach daran, dass ich an das Essen meiner Mutter gewöhnt bin.

Zu Hause hat immer meine Mutter gekocht. Sie ist zwar nicht besonders gebildet und kann keine Rezepte aus dem Internet laden und hat keine Zeit, Kochbücher zu lesen, aber sie kannte die richtigen Mengen, wusste, wie viel Wasser, Salz und Öl hineingehört. Sie hatte alle Angaben im Kopf, weil sie, wie alle Frauen bei uns, das Kochen schon als junges Mädchen gelernt hat. Sie hat immer nach Gefühl gekocht. Und obwohl sie Essen für eine große Familie zubereitet hat, war es immer sehr gut.

Bei den Deutschen ist das ganz anders. Bei uns kocht meistens Henning. Er gibt sich alle nur erdenkliche Mühe, er benutzt eine Waage und einen Messbecher und ist sehr auf Genauigkeit bedacht. Trotzdem finde ich das Essen nur akzeptabel.

Manchmal beobachte ich Henning beim Kochen. Besonders gewundert habe ich mich über das Regalbrett voller Bücher in der Küche. Henning sagte, es seien Kochbücher mit Rezepten aus aller Welt. Da stehen etwa fünfzehn große Bücher!

Henning kocht besonders gern japanisch, was ich für

meinen Teil nicht besonders mag. Ich liebe Pizza, die er auch ab und zu macht. Aber er kocht noch andere Gerichte, die ich gar nicht beschreiben kann und die mir auch nicht so gut gefallen. Auch der Sohn mag diese Gerichte oft nicht. Genauso wie die Tochter. Häufig läuft es so, dass Henning sagt: «Ich koche jetzt das und das.» Dann erklärt er, woraus das Gericht besteht. Ich frage dann ganz unbedarft: «Mag der Junge das Essen? Und wie steht es mit der Tochter?» Wenn die Antwort «Nein» lautet, sage ich auch Nein. Wenn sie «Ja» sagen, scheint das Essen gut zu sein. Manchmal lachen der Sohn und ich, wenn wir das Essen nicht essen.

Weil man sich immer an die Angaben aus dem Kochbuch hält, reicht das Essen nur für eine Mahlzeit.

In Syrien ist die Hauptmahlzeit das Mittagessen, immer bleibt etwas für das Abendessen übrig. Wenn wir abends nur wenig essen, bleibt sogar noch etwas für den nächsten Tag. Hier wird alles aufgegessen, wenn an freien Tagen Mittagessen gekocht wird. Zum Abendessen gibt es dann – wie schon zum Frühstück – Brot und Käse. Bei uns in Syrien essen wir Brot zu jeder Mahlzeit als Beilage.

Zu Beginn meiner Zeit hier habe ich mich immer gefragt, ob das Essen, das auf dem Tisch steht, wohl für fünf Personen reichen werde.

Mein Freund Khalid wohnt auch bei Deutschen. Manchmal sprechen wir darüber, wie und welche Mengen die Deutschen essen. Khalid erzählte mir einmal lachend: «Immer wenn ich großen Hunger habe, reicht das Essen nicht. In Syrien habe ich bei einer Mahlzeit mehr gegessen als hier die ganze Familie.» So geht es mir tatsächlich auch. Khalid und ich haben es uns so erklärt, dass die Familien hier nicht körperlich arbeiten und deshalb nicht so viel Energie brauchen wie ich damals, als ich auf dem Feld geholfen habe.

Besonders komisch finde ich es, wenn Gäste eingeladen werden. Dann werden häufig «Nudeln» gekocht. Das ist für mich unvorstellbar!

Einmal lud Henning Freunde zum Mittagessen ein. Er sagte, er werde Nudeln für die Gäste kochen. Ich habe ehrlich gesagt nicht verstanden, was er meinte. Nudeln und Gäste? Wie passt das zusammen? In Syrien gehört es sich nicht, jemanden zu Nudeln einzuladen.

Die meisten jungen Deutschen essen gern Nudeln, aber nur selten Kartoffeln oder Bohnen, Kirchererbsen, Erbsen oder Gemüse wie Auberginen, Zucchini, Okraschoten, Spinat oder Petersiliensalat. Hier zu Hause gibt es allerhöchstens manchmal Kartoffeln.

Als ich auf der Uni war, habe ich mir nach einem langen harten Tag manchmal Rührei oder Nudeln gemacht, es sollte schnell gehen und leicht zuzubereiten sein. Aber ich hätte mir niemals im Leben vorstellen können, jemanden zu Nudeln einzuladen.

Wenn wir hier Nudeln essen, wird Wasser gekocht, und die Nudeln werden ins Wasser geworfen, eine Soße aus dem Glas wird erhitzt, dann wird beides miteinander vermischt, und das Essen ist fertig. Und nach dem Essen sagen sie: «Das war lecker.» Ja, es war lecker, aber wo bleibt das Essen?

In Syrien heißt es, Kochen ist eine Kunst, und der Koch setzt alles daran, diese Kunst unter Beweis zu stellen.

Manche werden sich jetzt fragen: Und zu welchen Gerichten laden die Syrer sich gegenseitig ein? Zu sehr vielen Gerichten, meist mit Fleisch oder Reis, zu gefüllten Zucchini oder zu Kubbeh oder Sfiha ...

Henning

Das Essen – oje! Da hat Amir sicher recht, wenn er den Verlust von Traditionen beklagt, jedenfalls in unserer Küche. Dort herrschen Halbwissen und Beliebigkeit. Ich habe keine Ahnung, wie man einen ordentlichen Sonntagsbraten hinbekommt, wir bereiten nie das klassische deutsche Dreifaltigkeitsessen aus Fleisch-Kartoffeln-Gemüse zu, auch kein Markklößchen-Süppchen vorweg; das ganze großmütterliche Kochkönnen ist zwischen den Generationen auf der Strecke geblieben. Unser Wissen geht da nicht in die Tiefe, eher in die Breite, mal versuchen wir's mit Kartoffelecken aus dem Backofen, mal mit einem Thai-Curry, mal mit einem kalten japanischen Salat, mal mit einem französischen Zwiebelkuchen, mal mit Halloumi und Couscous, oft nach Rezept, nicht immer gelingt es.

Statt wie bei seiner Mutter an einem reichgedeckten Tisch voller Schüsseln, Tabletts und Terrinen zu sitzen, stellten wir Amir oft einen Teller mit einem für ihn undefinierbaren Irgendwas vor die Nase. Bei uns zu Hause ist er bis heute nicht wahr geworden, der bündnisgrüne Multikulti-Traum von der Völkerverständigung beim Essen. Das liegt vor allem an uns, keine Frage. Allerdings haben wir auch nicht viele Optionen, denn Amir mag keinen Weichkäse, keinen Rhabarber, keinen Bergkäse, kein Risotto, keinen Spargel und Fisch nur gebraten. Sojasprossen sind ihm fremd. Um zu wissen, was ihm schmeckt, müsste Amir mal kochen, tut es aber nicht. Wenn er allein ist, gießt er sich manchmal Instant-Nudeln mit heißem Wasser auf.

Ich habe den leisen Verdacht, dass er uns in dieser Hinsicht ähnlich veräppelt wie ich ihn mit meinen Auto-SMS. Womöglich ist er ein Spitzenkoch und möchte uns nur nicht vollends blamieren.

Amir

Eines Sonntags fragte Henning morgens: «Möchtest du ein gekochtes Ei?» Ich bejahte. Henning stellte ein Ei in einem Becher vor mich hin, legte einen Löffel daneben und sagte: «Hier, dein Ei, es hat sechseinhalb Minuten gekocht.»

Es war das erste Mal, dass ich einen Eierbecher sah. In Syrien essen wir Eier auch nicht mit dem Löffel. Wir essen Eier, gekocht oder gebraten, immer mit Brot.

Ich begann das Ei zu schälen. Währenddessen beobachtete ich, wie Henning sein Ei zu essen begann. Das Eigelb war flüssig! Ich hielt inne und fragte Henning: «Ist mein Ei genauso wie deins?»

«Ja.»

Ich kann es kaum ertragen, wenn das Eigelb flüssig ist. Ich wusste nicht, was ich tun sollte. Henning bemerkte, dass ich aufgehört hatte zu schälen und sagte: «Du kannst auch Brot oder irgendetwas anderes essen.»

Ich fragte Henning, ob er mein Ei essen wolle, doch er verneinte. Es war peinlich. Ich gerate oft in solche Situationen und weiß dann nicht, wie der andere reagiert. Wenn ich das Ei gegessen hätte, hätte ich mich übergeben müssen. Also beschloss ich, es in den Müll zu werfen. Ich war mir nicht sicher, ob Henning vielleicht sauer oder traurig sein würde, weil er das Ei extra für mich gekocht hatte. Andererseits hoffte ich, dass er mein Verhalten für ganz normal halten würde, denn so weit kenne ich die Deutschen mittlerweile: Wenn sie etwas sagen, meinen sie es auch. Und tatsächlich kam Henning mir zuvor und sagte: «Du kannst es einfach wegwerfen.»

Wäre ich in der gleichen Situation in Syrien gewesen, hätte ich das Ei essen müssen, egal, ob hartgekocht oder nicht – es sei denn, ich wäre mit guten Freunden zusammen gewesen. Seit ich bei Henning und seiner Familie wohne, habe ich aber für mich angenommen, dass die Menschen hier sehr direkt sind. Sie reden nicht um den heißen Brei herum. Wenn jemand zum Beispiel keine Zeit hat, sagt er frei heraus: «Nein, komm heute bitte nicht zu mir, ich habe zu tun.»

Beim nächsten Mal kochte Henning das Ei für mich ganze zehn Minuten lang. Dieses Mal war es hart und gut. Natürlich aß ich es nicht mit dem Löffel, sondern mit Brot.

Henning

Wenn man über das perfekt gekochte Ei diskutiert, ist das ein gutes Zeichen – immerhin waren Amir und ich nun schon so vertraut wie ein ewig verheiratetes Ehepaar! Als ich begriffen hatte, dass Amir Eier nur hart und trocken mag wie Wüstenfels, kramte ich in unserem Kühlschrank und entdeckte ganz hinten eine uralte Flasche Maggi-Würze, ein kulinarisch-archäologischer Fund aus dem vergangenen Jahrtausend. Jetzt dürfte Amir der einzige Syrer weltweit sein, der hartgekochtes Ei mit Maggi isst. Absoluter Oma-Style! Er liebt das, da ist er deutscher als wir. Und wir freuen uns klammheimlich über diesen kleinen Integrations-Triumph.

Auch anlässlich dieser Nebensächlichkeiten fragten meine Frau und ich uns von Woche zu Woche mehr: Was ist das überhaupt – Integration? Wir verspürten einerseits so einen hinterhältigen Ehrgeiz, Amir zum Deutschsein auf den abseitigsten Feldern zu verführen: Maggi zum Ei, Süßstoff statt Zucker. Andererseits war da eine Art Mutter- und Vaterinstinkt, ihn vor zu viel Deutschsein zu schützen. Wer nichts Neues annimmt, wird hier zwar scheitern. Aber wer zu früh zu viel Altes aufgibt, könnte implodieren. Wo ist die goldene Mitte? Hätten wir, meine Frau und ich, für oder mit Amir ein Ziel definieren sollen? Oder reicht es zu wissen, dass wir beide für diesen Flüchtling die ersten deutschen Nicht-Funktionsträger sind, denen er begegnete, die ersten Deutschen, die nicht hinter Schreibtischen sitzen und Fingerabdrücke nehmen oder Formulare abstempeln, sondern sich vor ihm küssen, beim Kochen versagen, ihre Kinder inkonsequent erziehen, sich nachlässig kleiden und ihn einfach durch ihr Sein herausfordern?

Ob das zu wenig ist, zu viel oder genau richtig; ob wir mehr auf ihn hätten zugehen müssen oder ihm genug Zeit ließen, auf uns zuzukommen – wir werden das erst in einigen Jahren erfahren, vielleicht nie, weil Amir bis dahin noch zig anderen Einflüssen ausgesetzt sein wird. Er wird hoffentlich irgendwann wieder studieren, sich in einem Beruf mit Kollegen arrangieren und eine Frau finden, die ihn liebt. Bis dahin bedeutet Integration wohl nur: dass Amir durch Sprache und Ausbildung zur Teilhabe befähigt wird. Dass er das, was ihm derzeit noch fremd ist, durch uns zu verstehen lernt. Und so viel davon übernimmt oder akzeptiert, dass er und die Deutschen nicht miteinander in Konflikt geraten, sondern ins Gespräch kommen.

Wenn meine Großmutter nicht schon tot wäre, könnte er jetzt sogar mit ihr über Maggi reden.

Flucht und Politik

Amir

Ich möchte gern in Deutschland leben, und ich möchte gern mehr Deutsche kennenlernen. Ich kann mir auch vorstellen, mich in eine deutsche Frau zu verlieben und sie zu heiraten. Aber wie könnte ich sie kennenlernen? Wo sind die Deutschen? Das ist keine einfache Frage.

Als ich nach Hamburg kam, war alles nass und grau. Es regnete und schneite, das Wetter war einfach grässlich. Sogar die Bäume zitterten vor Kälte. Kein Mensch war auf der Straße. Als ich Henning fragte, ob das Wetter so bliebe, antwortete er: «Nein, in einigen Monaten wird es Frühling, dann wirst du sehen, wie schön das Wetter wird. Dann wird alles anders. Die Menschen werden hinausgehen und die schönste Zeit draußen verbringen.»

Aber der Frühling kam, und nichts änderte sich. Oder besser gesagt, die Natur veränderte sich, aber nicht die Menschen.

Ich wohne jetzt seit ein paar Monaten bei Henning und seiner Familie, ich habe mehrere Deutschkurse besucht und spreche passabel Deutsch. Ich weiß besser, was die Deutschen essen, und beginne ihre Traditionen und Bräuche zu verstehen, aber eins habe ich bis jetzt nicht begriffen: Wo sind die 82 Millionen Deutschen?

Sie haben prächtige Häuser mit wundervollen Gärten,

aber sie nutzen diese nicht. Wo sind die Alten, die gern frische Luft schnappen und Stunden über Stunden im Garten hocken? Die Straßen sind sauber, nirgendwo liegt Dreck, aber auch Kinder sind nicht auf der Straße. Spielen sie nicht draußen? Wo sind die Jugendlichen? Europa ist wirklich der alte Kontinent. Der Frühling ist angebrochen, die Bäume werden grün, die Blumen beginnen zu blühen, die Sonne scheint fast den ganzen Tag, aber niemand ist zu sehen!

An einem solch warmen Tag lud mich Henning zum Spaziergang ein. Es war halb neun am Abend. Endlich brauchte ich weder eine dicke Jacke noch Mütze und Handschuhe. Ich erwartete, draußen würden wir viele Menschen treffen, Kinder auf der Straße spielen sehen. Wir liefen eine Weile, unterhielten uns und lachten. Plötzlich kam eine Frau auf einem Fahrrad vorbei. Ich fragte Henning: «Wir sind seit zehn Minuten unterwegs und haben erst einen Menschen auf der Straße gesehen. Ist das ein Leben?» Und er antwortete ganz einfach: «Ja, das ist bei uns so. Die Menschen sind zu Hause und schauen meistens fern.»

Mir fiel auf, dass in den Gärten überall Stühle standen, doch niemand saß darauf. Ich fragte noch einmal: «Sitzen die Menschen nicht in ihren Gärten? Schau doch mal, wie schön die sind! Hier gibt es frische Luft, die Vögel zwitschern! Bei uns in Syrien sitzen die Alten insbesondere im Frühling am späten Nachmittag und frühen Abend in den Parks oder spazieren ein bisschen durch die Straßen. Oder sie stellen Stühle vor die Haustür und besuchen sich gegenseitig.» Doch Henning meinte, dass gerade die älteren Menschen jetzt wohl Fernsehen schauen würden.

Es war wirklich schönes Wetter, trotzdem sahen wir erst nach weiteren zehn Minuten einen Mann, der im Garten arbeitete. Henning grüßte ihn mit den Worten: «Guten Tag, zweiter Mensch!» Der Mann verstand nicht. Als Henning es ihm erklärte, musste er sehr lachen. Zwei Menschen innerhalb von zwanzig Minuten!

Ich dachte auch an die Kinder: Wo war die Generation der Zukunft? Wo waren die Kinder mit ihren unschuldigen Gesichtern, die normalerweise die Stille auf den Straßen mit ihrem Lärmen durchbrechen? Ich sagte zu Henning: «Weißt du, wie diese Straße jetzt in Syrien aussehen würde? Sie wäre voller Kinder, sie würden verschiedene Spiele spielen oder mit Kreide auf die Straße malen. So habe ich in meiner Kindheit auch auf der Straße gespielt.»

In unserer Nähe gibt es einen Spielplatz. Wenn ich morgens zur Schule gehe, sehe ich niemanden auf dem Spielplatz, er liegt verlassen da, und wenn ich nachmittags zurückkomme, ist es das gleiche Bild. Vormittags sind die Kinder in der Schule, aber wo sind sie am Wochenende? Wo seid ihr, Kinder? Spielt ihr nicht draußen? Wird euch zu Hause nicht langweilig?

Nach einer halben Stunde sahen wir eine dritte Person. Wir hatten also einen Rhythmus: alle zehn Minuten ein Mensch. Alle anderen hockten wie Zombies zu Hause. Nur Autos waren in Mengen auf der Straße zu sehen.

Plötzlich sagte Henning: «Schau mal, da sind Kinder!» Ich vermutete bereits, dass ich mich wohl getäuscht hatte und nun die Kinder auf die Straße kommen würden. Es waren drei Kinder auf Fahrrädern, ein Junge und zwei Mädchen. Es dämmerte schon. Die Kinder kamen auf uns zu. Der Junge sah uns an, als fragte er sich: «Wer ist dieser Mensch mit den schwarzen Haaren (ich), der mit einem Deutschen spazieren geht?» Der Junge hatte auch schwarze Haare und dunkle Haut, was ich zuerst gar nicht bemerkte. Da sprach Henning die Kinder an: «Hallo!» Und die Kinder zurück: «Hallo!» – «Woher kommt ihr?» Da sagte der Junge: «Ich bin aus Syrien, und das sind meine Schwestern.»

Ich musste wirklich lachen und wiederholte immer wieder: «Sechs Menschen in dreißig Minuten, und die Hälfte waren Ausländer.»

Wie soll ich da Deutsche kennenlernen?

Ich gehe oft in die Stadtbücherei, wo es einen «Dialog in Deutsch» gibt zwischen Einheimischen und Menschen wie mir. Mittlerweile kenne ich auch einige Nachbarn und Freunde von Henning. Aber eine deutsche Frau kennenzulernen und sich in sie zu verlieben ist nicht einfach, zumindest für mich. Selbst wenn ich eine treffe, weiß ich nicht, wie ich Kontakt aufnehmen sollte. Man kann in Deutschland nicht einfach eine Frau ansprechen. Die Menschen lernen sich erst irgendwo kennen, dann plaudern sie über ihre Arbeit, und erst ganz allmählich sprechen sie auch über private Dinge. Das dauert hier sehr lange, das habe ich zumindest so beobachtet.

Bei uns in Syrien ist das anders. Wenn man eine junge Frau im Viertel sieht und sich in sie verliebt, merkt sie schnell, dass man sie gut findet. Es gibt dann mehrere

Möglichkeiten, mit ihr Kontakt aufzunehmen. Man kann zum Beispiel seine Schwester damit beauftragen, dem Mädchen zu sagen, dass es einem gefällt. Oder man erfindet einen Vorwand, um mit ihr ins Gespräch zu kommen. An der Uni könnte ich zum Beispiel eine Studentin fragen, ob ich ihr Buch ausleihen könne, um mir Kopien zu machen. Dann spricht man vielleicht noch über das ein oder andere. Das nächste Mal trifft man sich in der Cafeteria mit ihr und ein paar Freunden. Wenn man den Eindruck hat, dass sie ebenfalls Interesse hat, verabredet man sich nur mit ihr allein. Man würde sich aber immer an einem öffentlichen Ort treffen, niemals allein zu Hause. Sollte sich dann zeigen, dass man sich wirklich gut versteht und sich gernhat, würde man relativ schnell heiraten. Viel schneller als in Deutschland.

Sollte ich einmal eine deutsche Frau kennenlernen, würde ich versuchen zu ergründen, ob sie bereit wäre, sich ein bisschen zu ändern, also auch einen Schritt auf mich zuzugehen. Schließlich kommen wir aus zwei verschiedenen Kulturen. Wenn sie sich ein bisschen änderte und ich mich auch ein bisschen – und das werde ich zwangsläufig tun, ich werde ja nicht in meinem syrischen Denken verhaftet bleiben –, könnten wir heiraten. Oder besser gesagt, dann würde ich versuchen zu heiraten. Das würde auch meine Integration fördern, denn in einer Ehe würde ich die Bräuche der Deutschen noch besser kennenlernen.

Henning

Je besser Amir die deutsche Sprache verstand, desto öfter stand er abends mit seinem Deutschbuch aus der Sprachschule vor uns und hatte Fragen. «Was bedeutet *Zahn-arzt-helfer-innen*? Was ist ein ... *Berufs-fach-schule*?» Mit vorsichtigen Bleistiftstrichen zerlegte er endlos lange Wörter in ihre Einzelteile und begab sich dann Stück für Stück auf Sinnsuche. Oft klärte sich damit schon alles, weil sich Nomen an Nomen reihte: Kühl-Schrank, Fenster-Rahmen, Brief-Kasten. Manchmal wurde es aber auch nur rätselhafter. Denn was sind «Zahnarzthelfer innen»?

«Was ist der Unterschied zwischen *zur* Schule gehen und *in die* Schule gehen?»

«Was ist anders bei *einen Termin vereinbaren* und *sich verabreden*?»

«Sind *verschieden* und *unterschiedlich* gleich?»

Kompliziert, das alles zu erklären. Hin und wieder verloren wir uns in einem deutsch-englischen Erläuterungsgemisch. Oder wir spielten Wörter und Bezüge pantomimisch vor. Falls Nachbarn uns dabei durchs Fenster zugesehen haben sollten, dachten sie vielleicht, wir arbeiten an einer Choreographie von Pina Bausch. Oft zeichneten wir Skizzen voller Kreise, Schnittmengen und Pfeile. Manchmal kannten wir die Antworten auf Amirs Fragen selber nicht und sagten: «Ach, Amir, rede einfach drauflos, statt vor lauter Perfektionsstreben zu verstummen.»

Aber ein Mathematiker wie er denkt anders.

Gegen die Unzugänglichkeit unserer Sprache wehrte sich Amir damit, dass er uns an der Unzugänglichkeit seiner Sprache zerschellen ließ, wann immer er die Bedeutung eines Wortes begriffen hatte. «Aaaah, Zahnarzthelferin! Auf Arabisch ...» Doch das, was für ihn bei uns nach SCHTZPKVT oder KRKTZ klingt, klingt für uns bei ihm nach *dschalala* oder *khabu abu*. Was wir auch nachsprachen: Er bog sich vor Lachen.

Eines Tages hatte Amir eine Frage, die anders klang als sonst. «Wie findest du das Wort *Flücht-ling*?» In Syrien war Amir Abiturient und Student, er ist Sohn, Bruder, Cousin und sicher noch viel mehr. In Deutschland ist er: Flüchtling. So wie andere Doktor, Diplomingenieur oder Rentner sind. Das Wort Flüchtling ist Amirs neues Etikett, derzeit sein einziges. Es klebt an ihm wie ein zweiter Vorname.

Ich halte mich eigentlich nicht gerade für den Papst der politischen Korrektheit. Ich finde, das Wort «LeserInnen» sieht nicht schön aus, und «ProfessorX» klingt nach Magen-Darm-Beschwerden.

Dennoch ist da ein Unwohlsein beim Wort Flüchtling.

«In Deutschland enden eigentlich nur Pflanzen- und Tiernamen auf -ling», sagte ich Amir. Sperling, Engerling, Frischling, Setzling, Schädling. Manches positiv belegt, manches negativ, immer ein Gattungsbegriff, oft eine Massenbezeichnung, die dem Einzelnen kaum Individualität zugesteht.

Amirs Frage ließ mich nicht los. Dank seiner Wortzerlegungstaktik lernten auch wir noch einmal Deutsch: ast-rein, Hand-werk, Schall-platte, Bahn-hof. Beim Begriff Flüchtling habe ich länger nachgedacht, nachgelesen und gemerkt: Ich hatte mich geirrt und doch nicht vertan. Auch Menschen können «Linge» sein. Aber wer ein

«Ling» ist, hat ein Imageproblem. Im Deutschen haben Wörter, die aus Adjektiven und der Endung -ling gebildet werden, fast durchweg einen negativen Beiklang. Es gibt den Dümmling, den Sonderling, den Schwächling, den Wüstling, den Winzling und den Feigling. Sogar positive Zuschreibungen wie zart, jung, schön klingen als Zärtling, Jüngling, Schönling nicht mehr ganz so gut. Jetzt ist das Wort «flüchten» ein Verb, kein Adjektiv. Aber auch da entweder Geringschätzung (Emporkömmling, Schreiberling) oder ein Beigeschmack von Abhängigkeit: Säugling, Täufling, Zögling, Prüfling, Lehrling, Häftling.

Es gibt Sprachforscher, die deshalb vorschlagen, von Geflüchteten zu sprechen. Wie von Gefallenen, Genesenen, Geheilten, Gehassten, Geschworenen, Gesuchten, Gejagten, Gelehrten, Geliebten, Geächteten. Das Wort sei wertfreier, sagen sie. Aber zu passiv, finden andere. Politik wird nun mal mit Worten gemacht. (Besser als mit Waffen.)

Kurz dachte ich, vielleicht wäre es gut, wenn sich auch hier das Englische durchsetzt. Refugees. Das klänge laut und rockig: *«Live on stage – the refugees! Tickets out now.»*

Oder doch: *die Migranten?* Wie Giganten, Atlanten, Aspiranten? Vom verkopften Klang her, wohl wegen des lateinischen Wortursprungs, könnte das ein Netzwerk hyperintellektueller Künstler sein, in etwa wie früher «Die Brücke» oder die «Gruppe 47», Maler oder Literaten, deren Werke niemand richtig versteht und die gerade deshalb sehr geschätzt werden. *Die Migranten:* Gerade widmet das Städel-Museum in Frankfurt am Main ihnen eine Sonderausstellung.

Ich habe mich trotzdem entschieden, beim Wort Flüchtling zu bleiben. Es ist so gebräuchlich, womöglich durch Gewöhnung entgiftet. Amir jetzt ein neues Etikett anzukleben wäre so gewollt, wie ihn umzutaufen. Mag Flüchtling nach Abhängigkeit klingen wie Säugling, Zögling, Prüfling: Da ist hoffentlich jemand, der sich kümmert.

Amir

Hier in Deutschland kennt anscheinend jedes Kind das Wort Flüchtling, überall wird darüber gesprochen, wahrscheinlich sogar in der Schule. Alle interessieren sich für das Thema. Seit mein Deutsch so gut war, dass ich auch deutsche Nachrichten verstehen konnte, fiel mir auf, dass wir Flüchtlinge in Europa das wichtigste Thema überhaupt sind. Im Radio und Fernsehen wird andauernd über Flüchtlinge berichtet, was sie machen, wie viele in Idomeni festsitzen, wie viele noch nach Deutschland kommen könnten. Es wirkt fast so, als ob hier Krieg herrscht. Dabei sind Flüchtlinge doch Menschen, die vor dem Krieg geflohen sind!

In Syrien gab es früher auch Flüchtlinge aus anderen Ländern, aber sie waren nie so ein großes Thema. Das Wort «Flüchtling» habe ich in Syrien zum ersten Mal im Fernsehen gehört, als von palästinensischen Flüchtlingen die Rede war. Es wurde über Flüchtlingslager im Libanon und in Jordanien berichtet. *Laji* nennt man auf Arabisch Menschen, die durch einen Krieg oder eine andere

Katastrophe gezwungen wurden, ihr Land zu verlassen. *Mukhayyam* bedeutet «Ort der Zelte», so heißen bei uns die Flüchtlingslager. Damals wusste ich nicht, dass es so etwas auch in Syrien gab, und als ich zum ersten Mal vom *Mukhayyam Yarmouk* hörte, dachte ich wirklich, dass dort Zelte stehen. Aber *Mukhayyam Yarmouk* ist ein Teil der Hauptstadt Damaskus. Bei uns in der Gegend gab es keine palästinensischen Flüchtlingslager, deshalb habe ich nicht so viel davon mitbekommen, aber insgesamt lebt eine halbe Million palästinensischer Flüchtlinge in Syrien.

Im Zuge des Irakkriegs im Jahr 2003, ich war damals zwölf Jahre alt und in der sechsten Klasse, flohen beinahe zwei Millionen Iraker nach Syrien. Wir waren ein kleines Land, wir hatten vielleicht zwischen siebzehn und zwanzig Millionen Einwohner, und plötzlich kamen zwei Millionen Menschen hinzu. Was passierte? Nichts passierte. Natürlich war es nicht einfach, zwei Millionen Iraker aufzunehmen, selbstverständlich kam es zu großen Engpässen, auf dem Arbeitsmarkt, bei der Brotversorgung, bei der Wasserversorgung, auf dem Wohnungsmarkt, überall. Aber es ging alles gut. Wir haben die Menschen nicht Flüchtlinge genannt, sondern Iraker. Auch die palästinensischen Flüchtlinge haben wir meistens einfach Palästinenser oder Syrer mit palästinensischen Wurzeln genannt.

Als in Syrien der Krieg ausbrach, gab es viele Flüchtlinge, die innerhalb des Landes Schutz suchten. In einigen Städten wie in Homs beispielsweise waren die Angriffe der Regierungstruppen auf die oppositionelle Bewegung, aber auch auf die Zivilbevölkerung schon Ende 2011 brutal und massiv. In Deir ez-Zor war es in dieser Zeit im Vergleich noch relativ friedlich, sodass viele Menschen aus Homs dorthin flohen. Auch in mein Dorf kamen einige Flüchtlinge. Diese Menschen nennen wir auf Arabisch *Nazih*, denn sie suchen in ihrem eigenen Land vorübergehend Schutz. Viele dieser *Nazih* sind mittlerweile aber weiter in den Libanon oder in die Türkei geflohen, damit sind sie *Laji*, also ganz offiziell Flüchtlinge. Die Flüchtlinge in Deir ez-Zor wohnten in leerstehenden Pflegeheimen, wir versorgten sie mit Brot und Wasser. Ich brachte ihnen oft das selbstgebackene Brot meiner Mutter.

Ich habe den Eindruck, dass in den deutschen Nachrichten mehr über Flüchtlinge in Europa berichtet wird als über den tatsächlichen Krieg in Syrien. Jeden Tag sterben dort Menschen, trotzdem bringen sie in der Tagesschau immer als Erstes etwas über Flüchtlinge und die Meinung der Politiker zum Thema.

Hin und wieder schaue ich mit meiner deutschen Familie zusammen Nachrichten. Mitte Januar, die Anschläge in Jakarta: Das Thema wurde regelrecht aufgebauscht! Auch als in Paris am 13. November 2015 einhundertzwei Menschen starben, haben die Medien die Welt auf den Kopf gestellt. Später dann Brüssel. Drei, vier Wochen lang wurde fast nur darüber gesprochen. Dabei gibt es in Syrien die ganze Zeit Tod und Zerstörung, täglich sterben Dutzende. Aber die Deutschen wissen kaum etwas darüber, wie mir scheint. Sind Syrer keine Menschen? Wo ist der Unterschied zu einem Franzosen oder Belgier? Die einen haben Kinder und die anderen auch. Die einen haben

Väter und die anderen auch. Woher kommt diese Schizophrenie? Es gibt hier Terrorismus und dort. Aber der Terror in Syrien ist wirklich viel größer, in Syrien passieren täglich schlimme Dinge. Vielleicht wollen sie in den Medien solche Szenen aus Syrien der Kinder wegen nicht zeigen oder um die Gefühle der Zuschauer nicht zu verletzen.

Ein wenig kann ich das nachvollziehen. Kein Mensch kann sich für alle Länder interessieren. Ich frage mich auch nicht jeden Tag, was gerade in Mexiko passiert, in Kolumbien, China oder Japan. Aber das Interesse an uns Syrern könnte schon ein bisschen größer sein. Wir sind doch jetzt so viele hier, wir könnten den Deutschen alles über Syrien erklären. Stattdessen habe ich oft das Gefühl, das wir Syrer für alle eine Last geworden sind.

Henning

Wenn mich an Amir etwas wirklich ernüchterte, dann war es eine gewisse Egozentrik. Er schien wenig Empathie für Flüchtlinge zu empfinden, deren Fluchtursachen nicht an sein eigenes Drama heranreichten. Und er kam vor lauter Anpassungsstress nicht dazu wahrzunehmen, was um ihn herum in Deutschland geschah. Gut, er war in Sachsen gestrandet und nicht durch die Applauskorridore am Münchner Hauptbahnhof gelaufen. Doch zu wenig Aufmerksamkeit? Für ihn und für Syrien?

Meine Wahrnehmung ist eine andere. Deutschland, das im Organisieren früher grausam war, leistet gerade Großartiges. Zum ersten Mal bin ich so weit, stolz zu sein. Auf

Polizisten, die den Ankömmlingen auf den Wachen ihre Würde lassen. Auf Beamte, die sich in ihren Büros geduldig all der neuen Einwohner annehmen. Auf Lehrer, deren Unterrichtsroutine in den Schulen durchgerüttelt wird. Auf Freiwillige, die Stunden, Tage, Wochen ihrer Zeit spenden. Auf einige unserer Nachbarn, die Amir Möbel schenkten, ihn bekochten, ihn auf ein Konzert mitnahmen.

Das alles mag unspektakulär sein, unscheinbar Gutes, das für Amir unsichtbar bleibt im Vergleich zu den grausamen Bildern aus Syrien. Dennoch ist es nicht nichts. Erst recht nicht in diesen Monaten, in denen sich auch Europa verändert, zwar schleichender als Syrien, aber kaum weniger dramatisch. Ungarn verwandelt sich in eine Diktatur. Polen wird von Nationalisten regiert. In Großbritannien haben EU-Gegner mit Ausländerhetze Wahlkampf gemacht. Fast wäre ein Rechtspopulist Österreichs Bundespräsident geworden. In Deutschland ist die AfD laut Umfragen drittstärkste Kraft. So wie Amir sich darüber beklagt, dass wir uns nicht genug für Syrien interessieren, enttäuscht mich, dass er nicht sieht, was um ihn herum passiert und wie politisch das Private in Deutschland wieder ist. Nicht zuletzt die Aufnahme eines Flüchtlings.

Amir

Ich verstehe, dass die Deutschen Angst haben, aber sie übertreiben meiner Meinung nach einfach ein bisschen. Als ich in Sachsen war, habe ich gehört, wie Leute sagten, die Flüchtlinge seien wegen des Geldes hier. Glaubt wirklich jemand, wir seien wegen vierhundert Euro im Monat gekommen? Glaubt jemand, ich bin wegen Geld geflohen? Menschen, die so etwas sagen, wissen nicht, was es bedeutet, zu fliehen und seine Heimat zu verlassen. Sie wissen nicht, welches Risiko man dabei eingeht.

Die Flucht war eine fürchterliche Erfahrung für mich. Ich bin mit etwa 4500 Euro losgefahren, und ich habe in jeder Hinsicht schreckliche Dinge erlebt. Von einigen möchte ich erzählen:

Am schlimmsten war es, meine Familie zu verlassen. Der Tag des Abschieds war der traurigste in meinem Leben. Wir alle hatten Tränen in den Augen. Zum ersten Mal sah ich meinen Vater weinen. Ich habe niemanden aus meiner großen Familie seitdem wiedergesehen.

Dann war es lebensgefährlich, überhaupt aus Syrien rauszukommen. Die Strecke war voller Straßensperren des IS. Einige Kämpfer hatten Sprengstoffgürtel umgeschnallt, sie prahlten regelrecht damit. Wenn sie mich durchsuchen würden und das Geld fänden, wenn sie damit ein Beweismittel für meine Flucht hätten, was dann?

Nachdem ich es in die Türkei geschafft hatte, war es kompliziert, nach Griechenland zu kommen – lebend. Man trifft auf einer Flucht auf so viele Betrüger. Immer besteht die Möglichkeit, dass man den falschen Schleusern Geld gibt. Mein erster Versuch, nach Griechenland zu gelangen, scheiterte: Kurz nachdem ich in der Türkei angekommen war, schloss ich mich einer Gruppe von Syrern an. Insgesamt waren wir zehn. Wir entschieden uns für einen Schleuser, einen Betrüger, wie wir später herausfanden, und zahlten ihm 1500 Euro. Auf den Straßen lag Schnee, als wir aufbrachen. Der Plan war, nicht über das Mittelmeer zu fahren, sondern über Istanbul und dann die Grenze im Norden der Türkei zu passieren. Dafür mussten wir einen Fluss überqueren. Jeweils sechs Leute quetschten sich in ein Schlauchboot, das für drei Personen gemacht war. Mein Boot wurde von einem Baum aufgeschlitzt, es verlor Luft. Glücklicherweise waren wir bereits so nah am anderen Ufer, dass wir das letzte Stück durchs Wasser waten konnten. Dann sollten wir über einen zugefrorenen See laufen. Erst war das Eis fest, doch bald begann es zu knacken, dann brach es, und wir fielen ins kalte Wasser. Das Wasser reichte mir bis zu den Knien, ich entschied weiterzugehen, und ein Teil der Gruppe versuchte es ebenfalls. Das Wasser wurde tiefer, bald spürte ich meine Beine nicht mehr. Einer blieb plötzlich mitten im eiskalten See stehen, er konnte nicht mehr. Da hoben zwei andere ihn hoch und trugen ihn. Als wir an Land kamen, waren wir vollkommen erschöpft. Die Schlepper drängten uns weiterzugehen. Wir liefen lange, ein, zwei Tage, es hatte den Anschein, dass der Schleuser – entgegen seiner Behauptung – den Weg nicht kannte. Zweimal kamen wir zum gleichen Ort zurück. Auf einmal stand ein Trupp Soldaten vor uns. Sie hatten uns durch das Mobiltelefon des Schleppers geortet. Wir anderen hatten unsere Telefone alle ausgemacht, damit wir nicht geortet werden konnten. Er hatte es angelassen. Sie steckten uns ins Gefängnis, durchsuchten uns und nahmen uns unseren ganzen Besitz ab. Nach zwei Tagen entließ man uns.

Von den 250 Euro, die ich in jenem Augenblick bei mir hatte, bekam ich nur 210 Euro wieder. Wir beschwerten uns, aber sie brachten uns einfach in die Türkei zurück.

Beim zweiten Versuch wählten wir den Weg über das Mittelmeer. Ein kurdischer Schleuser hatte uns versichert, dass höchstens fünfundzwanzig Menschen an Bord sein würden. Als wir am Treffpunkt ankamen, waren es vierundfünfzig Leute, die er auf ein Boot von höchstens acht Meter Länge schicken wollte. Wir weigerten uns. Der Schleuser organisierte ein anderes Boot, das zwei Tage später startete. Diesmal waren nur fünfundzwanzig Menschen an Bord, aber das Boot war wesentlich kleiner. Wir hatten Glück: Die Überfahrt war erfolgreich.

In Mazedonien liefen wir auf Bahngleisen in Richtung Serbien. Nachts schliefen wir im Wald neben den Schienen. Wir hatten von einem Flüchtling gehört, den ein Zug erfasst hatte, deshalb bildete ich den Schluss der Gruppe und hielt hinter mir nach heranrollenden Zügen Ausschau. Plötzlich sprangen vier Männer aus dem Dickicht. Sie packten mich, einer von ihnen versuchte, mir den Rucksack zu entreißen, ein anderer wühlte in meinen Jacken- und Hosentaschen. Einer hatte eine Pistole dabei und richtete eine Taschenlampe auf mein Gesicht, um mich zu blenden. Der vierte schlug mich. Ich rief um Hilfe, aber niemand schien mich zu hören. Ich dachte, meine Freunde hätten mich allein gelassen. Ich rief noch einmal, dann kamen sie zurück. Meine Freunde warfen Steine, schrien, um den Angreifern Angst einzujagen. Die Räuber rannten davon, wir liefen ihnen noch ein Stück nach, bis sie weg waren.

Was mich auf der Flucht besonders deprimiert hat, waren meine Schutzlosigkeit und das Gefühl, anderen ausgeliefert zu sein. Weil wir uns im Grunde in jedem Land illegal aufhielten, hätte die Polizei uns zu jedem Zeitpunkt festnehmen können. Viele Menschen nutzten das aus. In Lojane, einem Grenzort in Mazedonien, kam einmal ein Serbe, ein Betrunkener, auf uns zu und sagte: «Wenn ihr mir Geld gebt, verrate ich euch nicht bei der Polizei.» Er muss gemerkt haben, dass wir Flüchtlinge waren. Ich gab ihm zwanzig Euro. Das war ihm zu wenig. Er wollte fünfzig. Uns blieb nichts anderes übrig, als ihn zu bezahlen. Ein anderes Mal beschloss unsere Gruppe, nachdem wir fünf Tage zu Fuß unterwegs gewesen waren, in Mazedonien ein Stück mit dem Zug zu fahren. Der Schaffner kam und verlangte den doppelten Fahrpreis – verbunden mit dem Versprechen, uns nicht an die Polizei zu verraten. Die Leute hatten immer ein Druckmittel gegen uns in der Hand, wenn sie mit der Polizei drohten. Alle wollten an uns Flüchtlingen verdienen. Ich habe damals verstanden: Man kann nur wenigen Menschen trauen. Das ist auch der Grund, warum nicht so viele Frauen fliehen. Tatsächlich ist eine Flucht für Frauen einfach unheimlich gefährlich, vor allem wenn sie allein reisen oder mit Kindern. Die meisten versuchen eher in ein Flüchtlingscamp im Libanon oder in der Türkei zu gelangen.

Weil wir zu zehnt unterwegs waren, hatten wir ein wenig mehr Sicherheit. In der Gruppe waren wir stark. Außerdem waren wir gut vernetzt: Einen Teil unseres Geldes hatten wir einem Bekannten gegeben, dem wir absolut vertrauten. Er schickte uns kleinere Beträge mit Western Union nach Mazedonien und Serbien, so musste ich nicht meine gesamten 4500 Euro bei mir tragen.

Um schließlich nach Deutschland zu kommen, unternahmen wir mehrere Anläufe. Zuerst versuchten wir es mit einem sudanesischen Schleuser, der einer serbischen Bande angehörte. Ja, ein Sudanese in Serbien. Warum sollte ausgerechnet der Menschenschmuggel nicht globalisiert sein? 1300 Euro hatten wir ihm bezahlt. Nachts lasen uns zwei Autos an der serbisch-ungarischen Grenze auf. Sie sollten uns über Österreich nach Deutschland bringen. Nach zehn Minuten war da eine Straßensperre der ungarischen Polizei. Wir wurden verhaftet und ins Gefängnis geworfen, wo wir äußerst schlecht behandelt wurden. Die Beamten nahmen unsere Fingerabdrücke. Damit war die Chance vertan, nach Deutschland zu kommen, denn Ungarn hatte das Dublin-Abkommen unterzeichnet, das heißt, eigentlich hätten wir in Ungarn Asyl beantragen müssen. Nach einigen Tagen ließen sie uns wieder laufen. Wir fuhren nach Budapest. Zwei Wochen später fanden wir einen Schlepper, der uns nach Deutschland bringen wollte. Wir einigten uns auf sechshundert Euro. Eines Abends stiegen wir in Budapest in ein Auto, das uns nach Berlin bringen sollte. Wir fuhren los und überquerten die Grenze nach Österreich. Normalerweise fahren die Schleuser durch Österreich direkt nach Deutschland. Unser Pech war, dass das GPS des Autos sehr alt war und nicht richtig funktionierte. Deshalb fuhren wir von Österreich erst einmal in die Slowakei, dann durch Tschechien, bevor wir um drei Uhr nachts endlich nach Deutschland kamen. Gleich hinter der Grenze wurden wir von der Polizei aufgegriffen.

Auf der Wache ereignete sich das erste Mal seit langem etwas Lustiges. Die Polizisten nahmen unsere Pässe an sich. Sie sprachen nur wenig Englisch. Einer von ihnen fragte uns immer wieder: «Hindi? Hindi?!» Wir dachten, er hielt uns für Inder. «Nicht Inder, Syrer, wir sind Syrer, keine Inder», antworteten wir. So ging es hin und her: Hindi? Syrer! Hindi? Syrer! Irgendwann sagte ein anderer Polizist auf Englisch: «*Mobile phones*, give us your *mobile phones*.» Da verstanden wir, dass Mobiltelefon auf Deutsch Handy heißt. Wir mussten furchtbar lachen. Wenn man weiß, was wir hinter uns hatten, kann man nachvollziehen, wie befreiend es war, endlich wieder zu lachen. Wir waren in Deutschland – wenn auch im Gefängnis.

Am 31. Dezember 2014 bin ich in Syrien losgegangen und im März 2015 in Deutschland angekommen. Mein Leben lang werde ich die Winterkälte Serbiens nicht vergessen. Ich war drei Monate mit wenigen Sachen unterwegs, konnte selten meine Klamotten wechseln, konnte mich nicht waschen. Ich stank. Die Leute hielten sich die Nase zu, wenn wir in ihre Nähe kamen. In Mazedonien habe ich sieben Zehennägel verloren, weil wir so lange durch Kälte und Regen gelaufen sind, bis meine Füße derart geschwollen waren, dass die Nägel abplatzten. Bis heute sind meine Füße dicker als früher, ich brauche eine Schuhgröße mehr als in Syrien.

Also noch einmal: Glaubt wirklich jemand, wir seien wegen vierhundert Euro gekommen?

Henning

Es gibt jetzt öfter Tage, an denen ich mir eine Europakarte ansehe wie den Flurplan eines Hotels, in dem ich mich nicht wohl fühle. Was tun, wenn's brennt? Wo sind die Notausgänge? Welches Gebirge, das eben noch Wanderparadies war, würde zum schroffen Hindernis? Welcher Fluss zu einer kalten Schneise? Welches Meer zum Friedhof? Und welches Land zum Sehnsuchtsort?

Dänemark könnte, rein geographisch, eine Sackgasse sein, am Ende stünde ich überall mit dem Rücken zur See. In Italien genauso. Amerika und Australien wären unerreichbar, England vermutlich auch. Ich würde wohl auf die Niederlande setzen, eine Flucht von Hamburg über Bremen und Emden bis nach Groningen erscheint mir möglich. Flachland, allerdings kaum Wald, um sich zu verstecken. Und was, wenn die Bedrohung von dort kommt, von Westen? Wie würden sich die Polen, die Tschechen, die Ungarn verhalten, wenn Hunderttausende Deutsche nach Osten zögen? Würde Russland die Grenzen dichtmachen? Würde ich überhaupt nach Russland wollen? Würde ich in ein Land gehen, dessen Sprache ich nicht verstehe, dessen Alphabet ich nicht lesen kann, dessen Kultur mir fremd ist, in dem ich sofort als Fremder erkennbar bin? Ich weiß es nicht. Ich hoffe nur, mein Leben zwingt mich nie, nie, nie, bis nach Syrien zu laufen.

Amir

Ich habe diesen Weg zurückgelegt. 4000 Kilometer Luftlinie von Deir ez-Zor bis Hamburg, in Wirklichkeit viel weiter, weil ich so viele Umwege lief – und weil ich auch jetzt gewissermaßen noch immer unterwegs bin. Ich möchte eine Zukunft haben, ich wollte nicht akzeptieren, dass der Krieg über mein Leben bestimmt. Der IS hatte meine Universität unter dem Vorwand geschlossen, dass dort Gedankengut der «Ungläubigen» und des «Regimes» verbreitet werde. Der Krieg, der nicht meiner war, sollte mir meine Pläne nicht zunichtemachen.

Wenn es keinen Krieg in Syrien gäbe, wäre ich jetzt mit dem Studium fertig und würde arbeiten. Jetzt muss ich eine neue Sprache lernen, eine neue Kultur, neue Menschen kennenlernen. Ich fange von vorne an. Ich hoffe, dass ich mich in ein, zwei Jahren zurechtgefunden habe.

Für mich gibt es grob gesagt drei Kategorien von Flüchtlingen: Es gibt diejenigen, deren Leben bedroht ist, deren Häuser zerstört sind und die in ihrer Heimat nicht mehr sicher sind. Wenn sie nicht sterben wollen, haben sie keine andere Alternative: Sie müssen fliehen. Dann gibt es Menschen, die in ihrem Land keine Zukunft haben, weil der Krieg kein normales Leben mehr zulässt. Universitäten und Schulen sind geschlossen, und von allen jungen Männern wird verlangt, dass sie sich einer Kriegspartei anschließen. IS oder Assad, dazwischen gibt es nicht mehr viel. Wir Syrer gehören in diese beiden ersten Kategorien von Flüchtlingen.

Zur dritten Kategorie gehören aus meiner Sicht jene

Menschen, auf die beides nicht zutrifft und über die ich mich immer wieder ärgere: Menschen, die sich als Flüchtlinge tarnen, die aber aus Weltgegenden kommen, in denen eigentlich kein Krieg herrscht. Solche Menschen sind mir auf meiner Flucht immer wieder begegnet. Da waren Ägypter, Marokkaner, Afghanen, die sagten, sie seien Syrer, obwohl ich schon an ihrem Akzent die Lüge hörte. Sogar Albaner, obwohl Albanien ein Teil Europas ist. In diesen Ländern ist doch kein Krieg. Die Menschen sind nicht bedroht, sie wollen einfach ein besseres Leben.

Was mich noch mehr erzürnt, sind Leute aus dem Iran, die sich als syrische Flüchtlinge ausgeben. So jemanden habe ich auch getroffen. Der Iran unterstützt das Assad-Regime, ist aus meiner Sicht mitverantwortlich für den Krieg in meiner Heimat. Und jetzt kommen Iraner, die plötzlich Syrer sein wollen, nach Deutschland. Iranische Soldaten kämpfen auf der Seite von Assad, sie töten Syrer – und zur gleichen Zeit machen sich ihre Landsleute als Flüchtlinge auf den Weg nach Europa?

In den Interviews mit den deutschen Behörden fliegen viele dieser Menschen auf. Dort wird man von jemandem interviewt, der weiß, wie syrisches Arabisch klingt und die Asylbewerber nach geographischen oder historischen Details fragt. Im Flüchtlingsheim in Sachsen war ein Algerier, der sich als Syrer ausgab. Bei der Ausländerbehörde fragte man ihn, wie weit Damaskus und Al Sham voneinander entfernt seien. Der Algerier sagte: «Zwei Stunden.» Was er nicht wusste: Al Sham ist nur ein anderer Name für Damaskus, es ist ein und dieselbe Stadt. Damit war er durchgefallen.

Es ist wirklich verrückt. Es gibt Hunderte, Tausende Menschen, die die Situation von uns Syrern ausnutzen, um nach Europa zu kommen. Mich ärgert das.

Henning

Meine Frau hat mich gewarnt, dieses Kapitel zu schreiben. Es geht um unsere Nachbarn.

Wir sind vor acht Jahren aus der Stadt hinaus in diesen Vorort gezogen, in eines jener Neubaugebiete, in denen man anfangs annehmen kann, die Menschen dort seien sich besonders ähnlich und lebten deshalb in größtmöglicher Übereinstimmung. Sie haben kleine Kinder, sie haben Ärger mit denselben Handwerkern, sie kaufen sich Terrassenmöbel und empfehlen sich Putzfrauen, sie sehen sich auf dem Spielplatz und beim Elternabend, an Wochenenden pumpen sie Planschbecken auf und heizen Grills an, sie haben in etwa denselben sozialen Status und gehören meist einer Alterskohorte an: nicht mehr dreißig, noch nicht fünfzig.

Und doch garantiert Homogenität keine Harmonie; nicht zwischen jedem.

So, wie der Kerl, der in der ersten Schulstunde neben einem saß, am Ende selten zum besten Freund in der Klasse wurde, sondern eher der unscheinbare Junge in der gegenüberliegenden Ecke des Raumes, hat sich in den vergangenen Jahren auch unser Freundeskreis im Wohngebiet neu sortiert. Es gab Nachbarn, bei denen Gespräche nach zehn Minuten versiegten, weil sie keine

Basis mit uns fanden und wir nicht mit ihnen. Es gab Familien, mit denen wir uns über Urlaubsziele austauschen konnten, und solche, mit denen das nicht ging. Es gab Männer, deren Desinteresse am Lauf der Welt mich deprimierte, die mir stundenlang von ihren neuesten Computer-Updates oder dem besten Steakhaus der Stadt vorschwärmten – und denen ich mit meinem Hang, mein Alltagsverhalten andauernd nach politischen, ökologischen oder anderen moralischen Maßstäben zu kategorisieren, schwer auf die Nerven gegangen sein muss. Wenn ich zu einer Party Grillkäse statt Fleisch mitbrachte, werden einige das als Vorwurf empfunden haben.

Wie nun mal üblich, ist auch unsere Nachbarschaft mit den Jahren in drei Fraktionen zerfallen: Da sind einige gute Freunde. Da ist ein nettes Nebeneinander mit vielen. Und da sind wenige, mit denen wir auf eine Art nichts zu tun haben, die man einvernehmliches Desinteresse nennen kann. Ich habe den Verdacht, dass mancher Nachbar meinen Freundeskreis als verkniffen und arrogant wahrnimmt – etwa weil einige von uns sich alle paar Wochen als Literaturkreis zusammenfinden, bei dem dann auch noch politisch korrekte Knabbereien auf den Tisch kommen, weil eine Veganerin dabei ist. In diese Konstellation kam Amir. Was ist seither passiert?

Würde man zwei Satellitenbilder unseres Wohnviertels übereinanderlegen, ein Foto, auf dem die Häuser unserer Freunde markiert sind, und eines, auf dem vermerkt ist, wer in den vergangenen Monaten mit Amir geredet hat, ihn einlud, sich nach ihm erkundigte – die markierten Stellen wären beinahe deckungsgleich. Kontakt bedingt

Kontakt, das ist nicht überraschend. Aber da ist mehr. Wir haben Nachbarn, mit denen wir hin und wieder sehr wohl einen Straßenschwatz halten, die uns aber kein einziges Mal gefragt haben: «Wie läuft's? Können wir helfen?» Das Schweigen einiger Anwohner erscheint mir derart demonstrativ, dass das kein Versehen sein kann.

Meine Frau meint, ich irre. Meine Wahrnehmung sei getrübt von politischem Furor (siehe oben ...). Wir vergäßen doch auch andauernd, die anderen auf deren gerade eingeschulte Kinder, auf ihre Neuwagen oder Schimmelschäden im Keller anzusprechen. Und wenn es nicht einmal uns selbst gelinge, Amir täglich nach dem Verbleib seiner Familie zu fragen – wieso sollten sich dann Leute, zu denen wir bloß losen Kontakt haben, nach unserem Zusammenleben mit einem Flüchtling erkundigen? Oder nach dem Flüchtling selbst?

Vielleicht täusche ich mich also, wenn ich argwöhne, hinter dem Schweigen steckt mehr. Aber ich fürchte: Dieses Schweigen könnte eine Antwort sein auf das unvermeidlich Appellative unserer Aufnahme Amirs: *Seht her, wir tun was!* Gut möglich, dass mancher Nachbar uns jetzt für noch schnöseliger hält, als wir wegen des Grillkäses und des Literaturkreises eh gelten. Dass wir im Verdacht stehen, uns mit Amir ein Happening ins Haus geholt zu haben (und nun auch noch ein Buch draus machen!).

Dann wieder kommt es mir so vor, dass die Stille um uns herum eher jenem Schweigen ähnelt, das Menschen zu hören bekommen, die Aids haben oder deren Haus zur Zwangsversteigerung ausgeschrieben worden ist. Das wäre dann ein hilfloses oder peinlich berührtes Schweigen – angesichts eines politischen Statements! Kann das sein? Ist es denkbar, dass es uns heute leichter fällt, über neue Fußbodenfliesen oder Alufelgen zu reden als über einen Flüchtling im Gästezimmer? Dass uns, seit siebzig Jahren stabilitätsverwöhnt, die politische Sprache abhandengekommen ist?

Ein einziges Mitglied aus der Fraktion der Stummen hat mir gegenüber sein Schweigen einmal gebrochen, das aber nur mit Ironie geschafft. Seine Einladung zum Fußballgucken versah er mit dem Zusatz: «Deinen Allahu-akbar-Schreier kannst du übrigens mitbringen.»

Das gar nicht so kuriose Kuriosum, dass sich die Gruppe der an Amir Interessierten mit unserem Freundeskreis deckt, erkläre ich mir inzwischen so: Die Frage, wie wir mit Flüchtlingen umgehen sollen, spaltet unsere Gesellschaft deshalb tiefer als jeder Streit über Ortsumgehungsstraßen, Schulreformen oder das Ehegattensplitting, weil sie den Wesenskern eines jeden Menschen berührt. Und Wesenskerne entscheiden eben auch über Freundeskreise. Ich behaupte (auch wenn das meinen Furor endgültig belegt), dass die Flüchtlingsfrage zuversichtliche von ängstlichen Menschen trennt, Einmischer von Eckenstehern, Neugierige von Eingekapselten.

Leider kann ich das nicht wertfrei formulieren, denn natürlich finde ich richtig, was wir tun. Sonst würden wir es ja nicht machen.

Neulich hat der österreichische Autor Clemens Setz einen Essay veröffentlicht, so mutig, dass ich zu feige wäre, ihn zu schreiben. Setz schrieb, er sei nicht mehr bereit, Angst und Unwissen im politischen Diskurs als gleichgewichtiges Argument gelten zu lassen neben Ansichten von Menschen, die sich um Information bemühen und so Einstellungen erarbeiten. Derzeit haben ja vor allem Politiker Erfolg, die sagen: «Die Bürger haben Angst, wir dürfen sie nicht überfordern.» Das wäre in Ordnung, wenn diese Angst der Anlass wäre, einen Diskurs zu beginnen. Er wird damit aber beendet! Setz fragt sich: «Wo verläuft die Grenze? Was muss man ernst nehmen und was nicht? Also wenn beispielsweise – nur als absurdes Beispiel – sechzig Prozent eines Landes glauben, die Erde sei flach. Dann müsste man das ernst nehmen, denke ich. Oder doch nicht? Gibt es ein Maß an Irrationalem, bei dem Ernstnehmen eine Sabotage und Unterwanderung der Demokratie darstellen würden, obwohl sie oberflächlich wie ein besonders kühner Triumph der Demokratie aussehen?» Nein, sagt Setz, Schweigen sei eben nicht dieselbe politische Teilhabe wie Diskutieren, Nichtverstehen schlechter als Verstehenversuchen, Zuschauen schlechter als Handeln. «Ich bin tatsächlich intolerant und ungeduldig gegenüber denen, die sich aus dem Spiel nehmen.»

Ich habe manchmal auch Angst angesichts dessen, was gerade auf der Welt passiert. Ich würde lügen, wenn ich sagte, Integration sei ein Selbstläufer. Ich bin manchmal geschafft vom Aufwand, den wir für Amir treiben müssen. Vor allem aber bin ich ernüchtert angesichts derer, die sich von ihren Sorgen lähmen lassen. Die maulen statt machen. Die vom Scheitern quatschen, während sie zum Gelingen beitragen könnten. Warum vermitteln all jene, die jetzt Angst um unsere westlichen Werte haben, genau diese Werte nicht?! Wieso gehen sie nicht in die Asylunterkünfte und Stadtbibliotheken und erzählen den Neuankömmlingen, wie wunderbar Meinungsfreiheit, Gleichberechtigung und freie Wahlen sind? Wann, verdammt, war die Chance zu einer Neuerfindung der Welt größer als jetzt? Wann die Gelegenheit günstiger, für unsere Ideale zu werben?

Sich einmischen, mitmachen - das ist doch die einzig sinnvolle Reaktion auf eine sich rasant verändernde Welt!

Obwohl Amir derjenige ist, der viertausend Kilometer von seinem Haus zu unserem Haus gelaufen ist und wir unseren Standort nie verlassen haben, verblüfft mich, wie viel auch bei uns in Bewegung geraten ist. Wir haben immer noch dieselbe Adresse wie vor einem Jahr, dieselbe Telefonnummer, dasselbe Auto, dieselbe knarzende Haustür. Und doch ist, weniger dramatisch als bei Amir, unsere Position in der Welt eine andere geworden. Wir sind jetzt in der Nachbarschaft nicht mehr «die mit dem Flachdach», sondern «die mit dem Flüchtling». Und ich kann nicht mal sagen, ob es daran liegt, dass wir uns verändert haben oder treu geblieben sind.

Amir

Ich bin zusammen mit einer Gruppe von zehn Freunden nach Deutschland geflohen. Hier habe ich noch einige neue Freunde hinzugewonnen, zum Beispiel während der langen Zeit in der Unterkunft in Sachsen.

Jeder von uns hat sich unterschiedlich entwickelt.

Jeder hat eine andere Vorstellung von seinem Leben in Deutschland, davon, was Integration bedeutet und wie heimisch er hier werden will. Jeder hat auch eigene Erfahrungen in Deutschland gemacht.

Da ist Yasser, ein freier Geist, «open mind» sozusagen, der Kontakt zu Deutschen sucht. Er möchte seinen Master in Englisch machen. Auch Schaaban will sich integrieren, er spielt inzwischen in einer deutschen Mannschaft Fußball. Und Abdalrahman möchte seine Ausbildung beenden. Wirklich integrieren wollten sich zu Beginn eigentlich nur diese drei. Und ich. Die anderen? Anfangs war mein Eindruck, dass sie Asyl erhalten, Deutsch lernen und Arbeit suchen wollten. Und wenn sich die Lage in Syrien beruhigt hat, wieder zurück in ihre Heimat.

Inzwischen hat sich bei allen einiges verändert.

Khalid zum Beispiel, der in Sachsen mit mir auf dem Zimmer lebte. Dort war sein einziger Wunsch, schnell Arbeit zu finden. Khalid hatte in Syrien die Mittelschule nicht abgeschlossen und konnte weder Englisch noch Deutsch. Jetzt wohnt er, wie ich, bei einer deutschen Familie! Neulich fragte ich ihn: «Und? Wie lebt es sich zusammen mit den Deutschen?»

«Super», antwortete er. Ich war überrascht. Khalid gehört nicht zu der Sorte Mensch, die leicht Kontakt zu anderen findet, erst recht nicht zu Frauen. Jetzt sagt er: «Ich suche deutsche Freunde und Freundinnen.»

«Freundinnen?», fragte ich.

«Ja, Freundinnen!», sagte er. Bis vor kurzem hat Khalid die Idee, eine Freundin zu haben, noch weit von sich gewiesen. Die Integration macht sich also schon bemerkbar bei ihm. Ich musste lachen. Er fragte: «Was soll daran schlimm sein?»

«Das ist überhaupt nicht schlimm», sagte ich, «aber das ist nicht mehr der Khalid, den ich in Sachsen kennengelernt habe.»

Auch andere Freunde haben anfangs gedacht wie Khalid, sogar noch extremer.

Ali zum Beispiel. Ali denkt nicht im Geringsten daran, deutsche Angewohnheiten anzunehmen; er möchte unbedingt seinen Lebensstil beibehalten. Thaer hingegen, der in Syrien nicht einmal die Grundschule beendet hat, lernt jetzt fleißig Deutsch und geht wöchentlich zu Treffen von Deutschen und Flüchtlingen. Er sagt: «In Syrien habe ich nichts gelernt. Jetzt ist die Zeit gekommen, das nachzuholen.»

Doch da ist noch mein alter Freund Mohammed, den ich von der Universität in Deir ez-Zor kenne. Er war der klügste Student und der Beste seines Fachs. Mohammed war offen, beteiligte sich an den Demonstrationen und begeisterte sich für die Revolution, für Freiheit und Demokratie.

In Syrien hatte ich Mohammed zuletzt im Sommer 2012 gesehen, dann neulich wieder. Er hat sich vollkommen verändert. Er trägt jetzt einen langen Bart. Ausgerechnet Mohammed, der für die Revolution und die Demokratie auf die Straße gegangen war?

Zuerst hielt ich den Bart für eine Mode, doch sein Gebaren sagte etwas anderes. Wir unterhielten uns, fragten, wie es dem anderen gehe. Er kam mir hart vor, anders als früher. Auch hatte ich den Eindruck, dass er meine

Entscheidung missbilligte, bei einer deutschen Familie zu wohnen, um deren Kultur kennenzulernen.

Was war los mit Mohammed? Irgendetwas stimmte nicht, aber ich wusste nicht, was. Wir sprachen über die Flüchtlinge und ihre Aufnahme durch die deutsche Gesellschaft. Die Atmosphäre war unangenehm, seine Worte harsch. Ich sagte zu ihm, dass die Deutschen komisch, aber nett seien und kein anderes Land so viele Flüchtlinge aufnehme.

Mohammed hingegen meinte, die Deutschen seien gezwungen gewesen, die Flüchtlinge aufzunehmen, aber sie würden sie nicht mögen. Wenn sie lächelten, meinten sie es nicht ernst. Und dann beteiligten sie sich auch noch am Krieg in Syrien. «Wenn sie aus unserem Land und unserem Himmel verschwunden sind, dann kehre ich zurück», meinte er. «Manchmal fragen mich Deutsche, ob ich nach Syrien zurückgehe. Dann sage ich: ‹Ja, ich gehe zurück, sobald eure Regierungen weg sind aus meinem Land.›»

Um unsere Freundschaft nicht aufs Spiel zu setzen, beschloss ich zu schweigen.

Kurze Zeit später traf ich einen anderen Freund in Hamburg. Er berichtete mir, Mohammed sei am folgenden Tag zu ihm gekommen und habe gesagt: «Mir gefällt gar nicht, wie Amir denkt.» Später erfuhr ich, dass Mohammed anfangs viele deutsche Freunde und Freundinnen gehabt hatte und sogar in Diskotheken gegangen war. Einen modernen Haarschnitt hatte er wohl auch. Ihm soll, sagen einige, alles zu viel geworden sein. Zu viel Freiheit, zu viel Nacktheit, zu viel Gleichheit. Und nun trägt er diesen langen Bart! Er, der mal der beste Student meiner Uni war.

Ausblick

Henning

Ende April, nach etwas mehr als einem Jahr in Deutschland und vier Monaten bei uns, bestand Amir seinen Sprachtest. Deutsch schreiben, lesen, hören, sprechen: Fast überall erhielt er Bestnoten. Das Bundesamt für Migration und Flüchtlinge bestätigte ihm außerdem, auch die Integrationsprüfung mit Bravour gemeistert zu haben. Amir kennt jetzt das Wappen der Bundesrepublik Deutschland und die Flagge der DDR; er hat gelernt, dass nicht die Todesstrafe, sondern die Geldstrafe mit dem Grundgesetz vereinbar ist; er weiß, wofür die Abkürzung CDU steht, dass der Bundestag für vier Jahre gewählt wird und dass ein Richter der Judikative angehört. Außerdem hat Amir gelernt, dass Rauchen in deutschen Restaurants seit 2007 verboten, Alkohol trinken hingegen nach wie vor erlaubt ist, dass der Regierungschef des Bundeslandes Berlin «Regierender Bürgermeister / Regierende Bürgermeisterin» heißt und dass Millionen Deutsche am Rosenmontag «bunte Kostüme und Masken» tragen.

Nach Ansicht der Behörden ist Amir Baitar, geboren 1991 in Syrien, 2015 nach Deutschland geflohen, damit offiziell integriert.

Wir meldeten Amir für ein Probesemester an der Hamburger Universität an und besorgten ihm ein Stipendium einer Stiftung, die ihn auf seinem Weg ins Hochschulleben unterstützen wird. Wir tippten in Amirs Namen Briefe an Behörden und beauftragten Dolmetscher, seine Zeugnisse aus Syrien ins Deutsche zu übersetzen. Mit einer Vehemenz, die an Telefonterror grenzte, fragte ich immer wieder bei der Stiftung nach. Ich war beseelt vom Hochgefühl des Helfens, das jeder Freiwillige kennt, und zugleich erschrocken angesichts der Erkenntnis, dass die Chancenungleichheit im deutschen Bildungssystem auch für Flüchtlinge gilt: Wer «Eltern» hat, die sich kümmern, kommt schneller voran – meist genau die «Kinder», die Hilfe am wenigsten nötig haben. Ein Analphabet hätte unsere Unterstützung besser gebrauchen können als ein Akademiker. Da war es wieder, das Gutes-Gewissen-Schlechtes-Gewissen-Paradoxon! Das Bessere ist des Guten Feind? Dieser Endlosschleife entkommt man nur mit einer eitlen Erkenntnis: Das Gute ist besser als nichts.

Mit dem Abschluss der Sprachprüfungen kam und ging der Mai, begann der Sommer, lernte Amir eine deutsche Sonderbarkeit namens «Strand-Korb» zu schätzen, badete zwar nicht im Meer, umso mehr aber in der Sonne, lief von früh bis spät in kurzen Hosen herum und erkältete sich prompt, was uns lernen ließ, dass das Phänomen des schniefend und seufzend durchlittenen Männerschnupfens völker-, kultur- und religionsübergreifend ist.

Jetzt ist es Juni geworden, und wenn Amirs rote Sparkassentasse nicht greifbar ist, weil die Spülmaschine läuft, nimmt er sich manchmal ein ganz normales Glas, um daraus zu trinken.

Amir

Auch im Restaurant denke ich mittlerweile, dass die Gläser dort so gut gespült sind, dass es nicht ganz so schlimm sein wird, wenn ich daraus trinke, obwohl vorher Alkohol darin war. Man passt sich eben an, es ist eine Frage der Zeit.

Henning

Ich ertappe mich manchmal dabei, dass meine WhatsApp-Nachrichten, in denen ich Amir frage, ob dieses oder jenes Auto zu mir passen würde, nicht mehr nur ironisch gemeint sind. Ich kleide mich besser, ins Büro gehe ich meist mit Hemd und Sakko. Die Kollegen fragen mich manchmal, ob ich nach der Arbeit noch etwas vorhabe oder bei Anne Will eingeladen bin. Wenn ein Kneipenbesuch mit Freunden zu Ende geht und der Kellner «Zusammen oder getrennt?» fragt, antworte ich jetzt eifrig: «Zusammen!»

Mag sein, dass meine Syrifizierung nicht besonders tief greift. Dafür ist sie recht kostspielig.

Amir

Ich habe, seit ich bei Hennings Familie wohne, acht Kilogramm abgenommen.

Henning

Hoffentlich nicht nur wegen unseres Essens, sondern auch wegen der Besuche im Fitnessstudio.

Amir

Vielleicht, in weiter Ferne, wenn ich Deutscher geworden bin, werde ich mir einen Mercedes kaufen. Ich würde mir auch gern einen Range Rover anschaffen und mit ihm durch die Landschaft hier fahren.

Ich träume nicht davon, einen ganzen Fuhrpark teurer Autos zu besitzen, aber doch von einem Auto, mit dem ich zur Arbeit fahre, mit dem ich meine Kinder kutschiere, das meine Frau fährt und mit dem wir alle gemeinsam am Wochenende Ausflüge machen.

Henning

Es gibt da ein Lied, das oft im Radio läuft, seit Amir bei uns eingezogen ist, und das wir – wenn wir es zu Hause beim Frühstück oder auf Autofahrten ans Meer hören – gemeinsam singen und bei dem wir aufpassen müssen, nicht Tränen zu lachen oder lächelnd zu weinen, weil wir alle spüren, dass *Hey* von Andreas Bourani wie für Amir geschrieben ist, der sich auf einen langen Weg gemacht hat, noch immer unterwegs ist und nicht weiß, wann er wo ankommen wird:

Wenn das Leben grad zu allem schweigt
Dir noch eine Antwort schuldig bleibt
Dir nichts andres zuzurufen scheint als «Nein»
Es geht vorbei

Wenn der Sinn von allem sich nicht zeigt
Sich tarnt bis zur Unkenntlichkeit
Wenn etwas hilft mit Sicherheit, dann Zeit
Es geht vorbei, es geht vorbei

Hey, sei nicht so hart zu Dir selbst
Es ist okay, wenn Du fällst
Auch wenn alles zerbricht
Geht es weiter für Dich

Ein Lied wie eine Hohlform, in die jeder seinen Schmerz gießen kann. Aber Amirs passt am besten hinein. Neulich hat Amir das Lied auf sein Handy heruntergeladen. Der erste deutschsprachige Song auf seiner Playlist. Amir kann jedes Wort auswendig; er hat sich auch ergoogelt, dass Andreas Bourani, dieser Sänger mit deutschem Vor- und arabischem Nachnamen, Sohn vermutlich nordafrikanischer Eltern ist, der adoptiert wurde und weder seine leibliche Mutter noch seinen leiblichen Vater kennt. Amir würde ihn gern einmal kennenlernen, den Mann, der unwissentlich den Soundtrack zu seiner Flucht geschrieben hat und nicht ahnt, dass *Hey* für unsere Fünfer-Familie das geworden ist, was Paare «unser Lied» nennen.

Amir

Ich merke, wie das Leben in Deutschland mich verändert. Wenn die Anhänger des «Islamischen Staates» sehen würden, wie ich mich hier kleide, mit kurzärmligem Hemd und enger Jeans, dann würden sie mich umbringen. Oder wenn sie sähen, dass ich mich rasiere! Aber ich muss mich rasieren, weil ich kaum Bartwuchs habe und das unrasiert sehr unschön aussieht.

Es kommt auch vor, dass ich ein Gebet ausfallen lasse. Wenn ich zu Hause lerne und es spät wird, habe ich manchmal keine Lust mehr zu beten. Außerdem wäre ich nach der Waschung wieder hellwach und könnte vor ein oder zwei Uhr nicht einschlafen. In solchen Fällen kann es passieren, dass ich einfach ohne Gebet ins Bett gehe.

Seit ich in Deutschland bin, lese ich auch weniger im Koran. In Syrien las ich einmal pro Woche die Sure «Die Höhle», man liest sie immer freitags. Seit ich bei der Familie lebe, habe ich sie erst fünf- oder sechsmal gelesen. Und ich gehe nur noch alle zwei Wochen in die Moschee. Das Leben hier verändert mich tatsächlich, und das ärgert mich hin und wieder. Es ist, als würden Engel und Teufel auf meinen beiden Schultern streiten: Einerseits sind Gebete und Moscheebesuche für einen Muslim Pflicht. Wie Hausaufgabenmachen. Nachdem man sie erledigt hat, fühlt man sich gut. Wenn man sie nicht macht, hat man ein schlechtes Gewissen. Andererseits schaffe ich es nicht immer. Es gab zum Beispiel eine Zeit in der Sprachschule, in der die Gebetszeit in der Moschee mit meiner

Unterrichtszeit zusammenfiel. Ich bin meist in der Schule geblieben, denn Arbeit ist auch ein Gottesdienst – und ich glaube, Schule kommt der Arbeit gleich.

Es kommt auch vor, dass ich hier in Deutschland weit entfernt bin von der nächsten Moschee, wenn die Gebetszeit beginnt. Einmal hatte ich einen Termin in Hamburg, war um zwölf Uhr fertig, fuhr zum Bahnhof und überlegte, was ich in den eineinhalb Stunden bis zum Beginn des Gebetes tun könnte. Mir war langweilig, ich war müde. Also fuhr ich nach Hause. Dort könnte ich noch immer in die Moschee gehen, dachte ich mir. Aber zu Hause habe ich mich hingelegt und bis fünf Uhr geschlafen. Am Ende bin ich nicht in die Moschee gegangen.

Der Alltag hier und die Regeln des Koran, sie passen einfach nicht zusammen. Eigentlich müsste ich mich ja waschen, wenn ich Hennings Frau berühre. Nein, muss ich nicht, denke ich jetzt, schließlich ist sie so etwas wie meine Mutter geworden. Ich habe absolut keine sexuellen Gedanken, warum sollte ich mich vor dem Gebet waschen müssen? Dann aber bin ich unsicher: Darf ich so denken? Hat mir das jemand erlaubt? Nein, es ist meine ganz eigene Interpretation! Dann wasche ich mich doch wieder nach einer Berührung mit ihr; wir berühren uns ja manchmal ganz zufällig, wenn wir beim Essen oder bei meinen Hausaufgaben zusammensitzen. Danach bin ich auf meinem Zimmer und grüble darüber nach, was ich tun soll.

Sehr religiöse Männer glauben sogar, ihre rituelle Reinheit nicht nur durch das Berühren einer Frau zu verlieren, sondern auch wenn sie eine spärlich bekleidete Frau sehen. Ich denke nicht so. Sonst müsste ich mich hier in Deutschland ja andauernd waschen. Vor allem jetzt, im Sommer.

Henning

In der an Missverständnissen, Überraschungen und irren Wendungen reichen Geschichte von Amir und uns, vom Flüchtling und seiner Gastfamilie, stellt sich nach einem halben Jahr als irrster Irrtum die Rolle heraus, die wir unseren Kindern zugedacht hatten. Meine Frau und ich hatten gemutmaßt, unsere Tochter und unser Sohn würden Zeitzeugen und Zuschauer sein, würden Amir und uns bei einem Laborversuch zusehen wie in Chemie, bloß dichter dran und ohne Schutzbrille.

Wir haben sie unterschätzt.

Meine Frau und ich wollten Amir nie mit kreuzritterlicher Herablassung begegnen, wollten ihn nicht mit unseren westlichen Werten überfallen wie Donald Rumsfeld den Irak mit seiner *Shock and Awe*-Strategie. Dennoch sind wir manchmal ungeduldig. Wann immer ich Amir piesacke mit Sätzen wie: «Ich freu mich schon darauf, dass du mir in zehn Jahren mit syrischer Gastfreundschaft ein Bier spendierst»; wann immer meine Frau ihm sagt, sie fühle sich herabgesetzt, wenn Amir erzähle, der Koran schreibe vor, ein Mann dürfe eine Frau nicht berühren oder auch nur ansehen, weil – so sieht es meine Frau – diese Sichtweise jede Frau zum tumben Sexobjekt erniedrige und jeden Mann zu einem ebenso tumben, triebhaften Tier;

wann immer wir Amir andeuten, er könne doch auch einmal etwas für uns kochen; wann immer wir laut darüber nachdenken, wann es Zeit wäre für ihn, in eine eigene Wohnung zu ziehen; was auch immer in dieser Hinsicht wir aussprechen - stets nimmt unsere Tochter uns zur Seite und flüstert: «Jetzt lasst ihm doch mal Zeit ...»

Eine Fünfzehnjährige, die in unserer Familie die kürzesten Hosen trägt und am meisten Haut zeigt, ist zu Amirs erster Verteidigerin geworden. Man könnte das leicht als jugendlichen Sturm und Drang abtun; wann ist ein Herz je größer, ein Mensch sensibler als in der Pubertät? Doch es ist mehr: Unsere Tochter ist sich schlagartig ihrer eigenen Wirkmächtigkeit in der Welt bewusst geworden. Sie ist ein *global player* ganz besonderer Art.

Und unser Sohn? Für ihn, den Zehnjährigen, hatte Amirs Einzug die Brutalität einer Naturgewalt, war fast so erschütternd, wie es eine Trennung der Eltern wäre: Plötzlich war die Tektonik der Familie eine andere, Aufmerksamkeiten wurden umverteilt, sein Nesthäkchen-Status war verloren. Der Junge spürte, wie fremd er dem Fremden war: all die Zuwendung, die er von uns Eltern bekam, die Inkonsequenz unserer Erziehung, die er charmant zu nutzen wusste, die Sorglosigkeit, die ihn sein bisheriges Leben gelehrt hatte. Zugleich fiel es Amir leichter, ein Verhältnis zu unserem Sohn aufzubauen als zu unserer Tochter, des gleichen Geschlechts wegen. Es fing an mit solidarischem Essensgemäkel der beiden, ging über in verschwörerisches Augenzwinkern und führte zu vorsichtigem Haarewuscheln. Jetzt kitzeln sich die beiden manchmal auf dem Sofa. Abends spielen sie Fußball im

Garten. Kleiner Welpe und großer Welpe beim spielerischen Kräftemessen.

Mittlerweile ist unser Sohn der Meinung: «Amir soll für immer bleiben. Ohne Amir ist es viel zu leer bei uns.»

Amir

Wenn es so weit ist, werde ich Henning und seine Familie zu mir nach Hause, in meine syrisch-deutsche Wohnung, einladen. Henning mag ein syrisches Gericht, das sich Tabouleh nennt, das werde ich machen. Und ich werde Reis mit Fleisch zubereiten für seine Frau. Ich werde Bohnen kochen oder Erbsen. Ich werde Teigfladen mit Thymian machen, wenn mir das gelingt. Auf keinen Fall werde ich japanisch kochen und Nudeln schon gar nicht.

Henning

Amir hat vor einigen Tagen eine Deutschland-Fahne in seinem Zimmer aufgehängt. Stilistisch ist er damit ungefähr so nah an Pegida wie ich mit meinem Bart am Islamischen Staat.

An dieser Stelle muss ich etwas gestehen: Für den Widerspruch zwischen dem, was sich bei uns zu Hause entwickelt, und dem, was im Land passiert, fehlen mir – obwohl ich Journalist bin – immer öfter die Worte. Ich habe Metaphern im Kopf, aber keine einzige passt. Wenn ein Flüchtling unter den Farben Schwarz-Rot-Gold schläft und zur selben Zeit ein Politiker der AfD suggeriert, für schwarze Fußballnationalspieler sei in Deutschland kein Platz, wenn Amir von einem Mercedes-Benz aus Stuttgart träumt und sich zeitgleich Pegidisten aus Baden-Württemberg über Bilder von Jérôme Boateng und Ilkay Gündoğan auf der Kinderschokolade aufregen – womit wäre das zu vergleichen?

Manchmal sehe ich Amir als Marathonläufer in ein riesiges Stadion einlaufen, aber das Ziel ist nicht fix, es entfernt sich immer weiter von ihm.

Manchmal sehe ich Amir dann doch die Linie überqueren, aber es sind kaum Zuschauer geblieben, die ihn dafür feiern würden.

Amir

Nach einem langen Tag an der Uni hat mich neulich auf dem Heimweg ein Anruf auf dem Handy erreicht. Unbekannte Nummer. Eine Mitarbeiterin der Stadtbücherei bat mich um meine Hilfe: Eine sechsköpfige syrische Familie sei bei ihr, die weder Deutsch noch Englisch spreche.

Die Anruferin kennt mich, weil ich in der Bücherei öfter an Gesprächsrunden teilnehme.

Nach dem Anruf verspürte ich ein seltsames Gefühl von Glück. In den vergangenen Monaten war immer ich es gewesen, der Hilfe brauchte. Jetzt fragte man mich, ob ich helfen kann!

Wenn ich einmal Deutscher sein werde und wählen darf, werde ich versuchen, mich an der Entwicklung des

Landes zu beteiligen. In Syrien bin ich nie auf die Idee gekommen, darüber nachzudenken, welche Partei ich wählen könnte, wir hatten nur eine Partei.

Hier in Deutschland werde ich für alles, was ich in Syrien verpasst habe, entschädigt. Hier kann eine einzelne Stimme entscheiden! Und ich werde meine Stimme jenen geben, die sie verdienen. Jenen, die das Land nach vorne bringen möchten. Nicht jenen, die Fremde einschränken oder eine Minderheit marginalisieren wollen.

Ich werde keine rassistischen Parteien wählen, die zwischen schwarzer und weißer Hautfarbe unterscheiden. Diese Dummheit ist leider auch in Deutschland anzutreffen. Ist es eine Schuld, schwarz oder weiß geboren worden zu sein? «Mein Nachbar ist Ausländer, ich möchte nicht neben ihm wohnen»? Was soll das? Gibt es solche Gedanken wirklich in Europa? Auf jenem Kontinent, der, wie wir in der Schule lernten, Ursprung von Moral und Menschlichkeit ist?

Immerhin gibt es auch viele Menschen hier, Gebildete, die die Dummheit der anderen entlarven.

Vielleicht werde ich eines Tages auch wieder nach Syrien zurückkehren, falls es je möglich sein sollte, mein zerstörtes Land wieder aufzubauen.

Nicht nur ich, auch meine syrischen Freunde, eigentlich alle Syrer, die jetzt in Deutschland leben, stellen sich die gleichen Fragen: «Warum haben wir das, was die Deutschen haben, in Syrien nicht? Warum läuft es bei uns anders? Warum ... warum ... warum?»

Falls ich zurückkehre, werde ich versuchen, alles Gelernte mitzunehmen. Ich werde versuchen umzusetzen, was in Syrien möglich ist. Das bedeutet nicht, dass wir dort nichts hatten, aber wir werden dem Syrischen etwas Deutsches hinzufügen. Zum Beispiel die Staatsform und die Gesetze. Wir möchten leben wie die Menschen hier, in Sicherheit und Frieden.

Henning

Ob es erstaunlich ist, dass die Veränderungen in unserem Leben viel, viel kleiner ausfallen als in Amirs? Oder war genau das Sinn der Sache?

Gut: *Yalla!*, arabisch für «Los geht's!», ist unser Familienschlachtruf geworden. Und manchmal trage ich abends einen Klappstuhl von unserer Terrasse vors Haus und setze mich dort in den Vorgarten, damit unsere kleine deutsche Wohnstraße nicht allzu leer wirkt.

Neulich bin ich schon gefragt worden, ob meine Frau mich rausgeschmissen hat.

Mein Gewissen windet sich nach wie vor, wenn ausgerechnet Amir, der Flüchtling, fast alle Länder außer Syrien zu sicheren Herkunftsstaaten erklärt. So, wie ich Amir verwirre, indem ich Allahs Allmacht anzweifle, hinterfragt er meine Moralvorstellungen, von denen sich einige nie an der Wirklichkeit messen mussten. Das ist jetzt anders. Wenn Amir verkündet: «Eine Million sind genug», beneide ich ihn manchmal um seinen klaren Standpunkt. Dann denke ich wieder: Wart's nur ab, ich krieg dich so weit, dass du dich auch noch quälst …

In letzter Zeit kaue ich auch oft auf einem Satz herum,

der mal beschwichtigend und mal beunruhigend in deutschen Medien zu lesen ist. Eine Prophezeiung vielmehr, die auf meine Familie und mich viel eher zutreffen müsste als auf alle anderen.

Der *Spiegel* schreibt: «Die Flüchtlinge werden unsere Gesellschaft verändern.»

Die *Süddeutsche Zeitung*: «Die Flüchtlinge werden die Bundesrepublik grundlegend verändern.»

Die *taz*: «Migration bewirkt, dass Routinen angepasst werden – womöglich zum Besseren.»

Die *Frankfurter Allgemeine Zeitung*: «Klar ist, dass Migration Deutschland verändert.»

Die *Deutsche Welle* meldet: «Seit gut 50 Jahren kommen Migranten nach Deutschland. Das verändert nicht nur ihr Leben, sondern auch das der Deutschen.»

Das *Deutschlandradio*: «Nicht nur Deutschland prägt Migranten, ebenso prägen Einwanderer ihre neue Heimat.»

Wer sich da jetzt Sorgen (oder Hoffnungen) macht: Die Prophezeiung stimmt nicht. Und stimmt doch. Aber ganz anders als gedacht.

Wenn sich durch Amir etwas geändert hat bei uns zu Hause, dann vor allem, dass meine Frau, meine Kinder und ich, eine gewöhnliche deutsche Familie, uns einen Begriff von uns selbst erarbeitet haben. Wir kennen jetzt unsere Vorbehalte und Vorurteile. Wir wissen, was wir zu leisten imstande sind. Wir wissen, wie viel wir gemeinsam so alles aushalten. Wir wissen, wie weit die Grenzen unserer Toleranz reichen. Wir sind uns unserer Werte bewusster geworden, in vielen unserer Überzeugungen fester, dankbarer für Meinungsfreiheit und Demokratie – und entschlossener denn je, all das zu verteidigen (und das weniger gegen Flüchtlinge wie Amir, die ja deshalb zu uns gekommen sind).

Auch wenn ich jetzt klinge wie der Bundespräsident: Mag bei uns zu Hause deutsch-syrisches Chaos geherrscht haben, mag es manchmal drunter und drüber gehen in den Unterstützerkreisen, mögen es unbeholfene Helfer sein, die Flüchtlingskinder bei den Hausaufgaben fördern – die Staatstragenden, das sind die, die jetzt was tun. Sie haben im vergangenen Jahr mehr zur «Rettung des Abendlandes» beigetragen als all die vermeintlichen Verteidiger unserer Kultur.

Wenn Amir, der Syrer, bei mir, dem Deutschen, sonst noch etwas «grundlegend verändert» hat, dann ist das – oje – mein Verhältnis zu Gott. Ausgerechnet ein Gläubiger mit seiner Gläubigkeit hat mir den Glauben ausgetrieben. Es tut mir leid, Amir, aber ich glaube jetzt nur noch eins: Es gibt keinen Gott! Das ist tragisch, weil der Glaube seit Jahrtausenden das Beste und das Schlechteste aus den Menschen hervorholt. In Gottes Namen wurden Hilfswerke errichtet und Kriege geführt, Kathedralen erbaut und Kirchen zerstört, Choräle geschrieben und «Hexen» verbrannt. Aber Gott ist ein Hirngespinst. Wir Menschen haben ihn aus Angst vor dem Tod erfunden. Und weil wir vor langer Zeit Erklärungen für alles brauchten, was uns ein Rätsel war: jeder Sturm, jede Flut und jeder Blitz. Wer wenig weiß, muss viel glauben.

Sollte ich irren, Amir, habe ich bei Gott einen gut, denke ich. Zumal wenn er Allah heißt.

Amir

Einen solchen Satz hätte ich früher nicht ertragen. Aber hier, in Deutschland, denke ich, dass es Hennings Entscheidung ist. Es hat mich anfangs fast krank gemacht, dass Henning über alles diskutiert, sogar über Gesetze. Bis zum Alter von zweiundzwanzig Jahren kannte ich das nicht. In Syrien musste ich mich nicht darum bemühen, die Dinge zu verstehen oder zu hinterfragen. Ich schaute mir alles von Eltern und Nachbarn ab. Alles war vorgefertigt, sei es durch die Religion, an die ich glaube, oder durch das Regime, das alles regelte. Es war wie Essen aus Konservendosen: Man weiß nicht, wie es produziert wurde und was es beinhaltet, man isst es einfach.

Mein altes Leben glich dieser Dose. Ich habe es hingenommen und nichts hinterfragt. Niemals hätte ich wissen wollen, welcher Sinn und Zweck hinter einem Brauch oder einer Tradition steht. So ist es uns eingeimpft worden, uns von unseren Eltern und unseren Eltern von deren Eltern. Ich war daran gewöhnt, alles zu akzeptieren, weil ich mir sagte, dass unsere Eltern in diesen Dingen besser Bescheid wissen als wir Kinder. Genauso wie die Regierung besser weiß, was für ihre Bürger gut ist, als die Bürger selbst. Vor der Revolution war Nachdenken über den Staatspräsidenten geradezu tabu, er war der Führer, der Ingenieur, der Meister, der Arzt, der Vater, der Soldat. Wir haben das leider wirklich geglaubt. Nicht einmal im Familienkreis haben wir den Präsidenten kritisiert. Und wenn wir doch etwas sagen wollten, schlossen wir die Fenster und sprachen ganz leise.

So wie ich waren alle. Nicht weil wir dumm waren, sondern weil es so üblich war und weil jeder, der von den Regeln abwich, als «anormal» galt – und das wollte niemand sein. Mein Onkel zum Beispiel war «anormal». Er dachte anders als die Mehrheit. Er war Lehrer. Er schrieb Kurzgeschichten. Und er wurde vom Geheimdienst verfolgt. Immer wieder luden die Männer des Regimes ihn vor, weil er ein in Syrien verbotenes Buch gekauft oder weil ihn jemand verleumdet hatte. Und so wie mein Onkel wollte niemand leben!

Ich habe mir mein ganzes Leben lang abgeschaut, was die anderen taten, und tat es ihnen nach, selbst wenn es «falsch» war. Mit «falsch» meine ich keine Verbrechen und keinen Diebstahl. Mit «falsch» meine ich inzwischen die Regeln im Umgang mit Frauen, ob ich als Mann mit ihnen spreche oder ihnen die Hand gebe. Wenn man sich von einer dieser Regeln löst, vielleicht lösen muss, weil das Leben in Deutschland sonst nicht funktioniert, kommt viel in Bewegung. Es ist wie bei Mikado: Wackelt ein Stab, wackeln alle anderen auch.

Meine Antwort auf die Frage, wann ich in Deutschland – neben viel Verwirrung – endlich auch Freiheit verspüre, mögen manche lustig und manche traurig finden.

Ich verspüre Freiheit, wenn ich begreife, dass ich hier auf eine Demonstration gehen und danach wieder nach Hause gehen kann und in meinem gewohnten Bett schlafe, ohne Angst oder Reue zu empfinden. Wer sich in Syrien an einer Demonstration beteiligt, muss für eine Weile untertauchen.

Hier in Deutschland verspüre ich Freiheit, wenn ich

Facebook öffne und stundenlang im Internet sein kann, ohne vor Angst Herzklopfen zu bekommen. In Syrien hatte ich immer Angst, etwas geliked zu haben, was dem Geheimdienst Beweis genug war, dass man oppositionelle Gedanken hegte.

Ich verspüre in Deutschland auch Freiheit, wenn ich auf der Straße oder am Bahnhof ohne Probleme an Polizisten vorbeigehe.

Ich verspüre Freiheit, wenn ich Bücher kaufe.

Ich verspüre Freiheit, weil ich einen Fehler einräumen darf.

Ich verspüre Freiheit, weil ich mich von Traditionen frei machen kann, deren Sinn ich so langsam nicht mehr verstehe.

Henning

Meine Frau und ich würden jetzt natürlich gern in die Zukunft lugen wie durch das Schlüsselloch in einer Tür. Amir wird ein guter Staatsbürger werden, deutscher als manche Deutsche; das Wortungetüm *Pflicht-be-wusst-sein* ist wie für ihn gemacht, er lernt und lernt und lernt – und hat nebenbei noch dieses Buch geschrieben.

Aber wie wird Amirs Leben in zehn Jahren konkret aussehen? Wird er eine Frau und zwei Kinder haben, wie er hin und wieder sagt? Wird er Professor für Mathematik sein, wovon er träumt? Wird er, weil er unsere so mochte, eine Magnolie in seinem Garten pflanzen? Und einen Zaun ums Haus ziehen, weil er dem Frieden nicht traut?

Wir wissen es nicht. Wir wünschen uns nur, dass wir Amir mehr inspiriert als irritiert haben. Mehr motiviert als frustriert. Mehr angespornt als entmutigt. Dass es ihm gelingt, sich eine Zukunft zu erschließen, ohne seine Vergangenheit abzulegen. Dass ihn, den Muslim, seine Religion nicht von unserer Gesellschaft fernhält und unsere Gesellschaft ihn trotz seiner Religion einfach aufnimmt.

Amir

Ein Gedankenspiel. Wenn ich – Amir, vierundzwanzig – plötzlich mein fünf Jahre jüngeres Selbst aus Syrien träfe: Amir, neunzehn. Was würde geschehen?

Wenn ich darüber nachdenke, worüber der neunzehnjährige und der vierundzwanzigjährige Amir streiten würden, dann wäre es die Religion. Ich war als junger Amir recht fromm. Kontakte zu Frauen hatte ich fast gar nicht. Ich bin oft in die Moschee gegangen. Das ist mir heute nicht mehr so wichtig. Das würde der neunzehnjährige Amir nicht akzeptieren.

Vielleicht hat die Tatsache, dass ich bei Henning und seiner Familie wohne, dazu beigetragen, dass ich heute anders denke. Hätte ich allein gewohnt, wäre ich wahrscheinlich auch strenger in meiner Religion, wenn auch sicher nicht so streng wie manche meiner Freunde, mit denen ich herkam.

Ich rate dem jüngeren Amir, stets sein Gehirn zu benutzen.

Ich rate ihm, sollte er nach Europa kommen, eine Zeitlang mit Deutschen zu leben und sich vorübergehend, vielleicht fünf Monate, von Syrern fernzuhalten. Er würde ein unbeschwertes syrisch-deutsches Vorzeigeexemplar werden, denn er ist noch jung und hat (anders als ich) das Grauen des Krieges nicht erlebt. Der neunzehnjährige Amir würde mir allerdings vorwerfen, dass ich ihn nach Deutschland gebracht habe. Denn selbst der vierundzwanzigjährige Amir hat sich noch nicht an alles hier gewöhnt. Zum Beispiel, dass die Frauen hier im Sommer so wenig anhaben.

Der junge Amir würde sich auch beschweren, wenn er feststellte, dass der alte Amir aus einem Glas getrunken hat, das vorher Alkohol enthalten hatte. Er würde mir vorwerfen, ihn nicht gewarnt zu haben.

Ich rate dem jungen Amir, sich deutsche Freunde zu suchen und mutig zu sein. (Ich kenne Amir gut und weiß, wie schüchtern er ist.)

Ich rate ihm zugleich, auf der Hut zu sein und sich der deutschen Gesellschaft gegenüber nicht zu schnell zu öffnen, denn er würde schockiert sein davon, wie sehr sich das Leben hier von dem unterscheidet, was ihn neunzehn Jahre lang geprägt hat.

Ich würde Amir Hamburg zeigen, eine sehr schöne Stadt. Und ich würde ihn mit zu Henning nach Hause nehmen, damit er ihn und seine Familie kennenlernt.

Ich würde Amir noch raten, nicht nach Ostdeutschland zu fahren, nach Chemnitz oder Dresden, damit er nicht den Eindruck gewinnt, in ganz Deutschland seien alle Menschen wie dort.

Henning sagt immer, er sei gespannt, wie ich in zehn

Jahren lebe. «Wirst du zum Beispiel Alkohol trinken? Oder wirst du zumindest für deine deutschen Freunde Alkohol im Kühlschrank haben?» Ich antworte dann, dass ich das nicht weiß. Denn ich weiß etwas anderes besser als Henning und die meisten Menschen dieser Erde: In zehn Jahren kann viel passieren.

Henning

Bestimmt werden wir in zehn Jahren, wenn Amir seine Magnolie wässert, müde lächeln angesichts der pathetischen Sätze, die ich hier schreibe; ich tue es trotzdem: Ich würde nicht nur gern wissen, wie und wo Amir künftig lebt, sondern auch, wie unser Buch gedeutet werden wird (falls es noch jemanden interessiert). Die Zeit könnte dann Antworten gegeben haben auf Fragen, die wir uns heute stellen. Unsere Gegenwart wird Gegenstand historischer Betrachtungen sein. Wird dieses Buch dann als Beweis dafür dienen, dass der Einzelne durch Teilhabe etwas bewegen kann? Oder wird es Beleg sein für eine Hoffnung, die sich nicht erfüllte? Welchen Einfluss hat man als Millionstel, als Milliardstel auf den Lauf der Dinge? Inwieweit ist Weltpolitik Angelegenheit eines jeden Individuums?

Jetzt, in diesem Augenblick, sind Millionen Menschen unterwegs, brechen auf in ein neues Leben. Neue Amirs und Amiras. Überall auf der Erde stürzen Diktatoren und wanken Demokratien. Staaten kollabieren, Parteien implodieren, Gewissheiten sterben. Die Zeit schreitet rasend voran und wird zugleich zurückgedreht; wir reisen um die Welt, während sich Zäune schließen; wir überweisen in Sekundenschnelle Geld von Kontinent zu Kontinent, während Menschen vor Grenzposten im Schlamm feststecken. Wer eine Überzeugung hat, egal welche, ist gezwungen, sie zu hinterfragen. Was ist gut? Was ist schlecht? Gibt es – für einen Kontinent, für einen Staat, für jeden Einzelnen – ein ideales Maß aus Empathie und Eigensinn? Wann sollte Politik von Zuversicht geprägt sein, wann von Vorsicht? Wen lassen wir nicht ins Land? Und wen nehmen wir auf, womöglich sogar im eigenen Arbeitszimmer?

Ich habe keine endgültigen Antworten auf diese Fragen. Politikwissenschaftler würden an dieser Stelle wohl über «globale Haftung» streiten, darüber, inwieweit der Westen dem Nahen Osten etwas schuldig ist, auch einem Vierundzwanzigjährigen namens Amir, dessen Flucht eher ein grausamer Diktator und eine grausige Terrorgruppe zu verantworten haben. Internationale Konferenzen könnten zum Thema «Das Ende vom Ende der Geschichte» tagen. Philosophen über die «Gleichzeitigkeit des Ungleichzeitigen» räsonieren. Dazu sind meine Frau, die Kinder und ich in den vergangenen sechs Monaten nicht gekommen. Wir wissen nur: Lange war nicht mehr so viel denkbar wie in diesen Zeiten, im Guten und im Schlechten. Die Welt sortiert sich neu, Geschichte wird gemacht, auf Schlachtfeldern und in Parlamenten, bei Staatsbesuchen und in Hinterzimmern, von Pragmatikern und Populisten, von Staatsmännern und Rebellen, von Erklärern und Verführern, von Altruisten und Egoisten. Und wir – Amir und unsere Familie; fünf Menschen aus sieben Milliarden - haben ein halbes Jahr lang mitgemacht, Weltgeschehen als Kammerspiel, in einem Einfamilienhaus am Stadtrand, ohne Ausbildung und ohne Anleitung, auch ohne politisches Mandat. Falls Merkels fast vergessener Satz nicht ein Mandat war.

Es wäre übertrieben zu behaupten: «Wir haben das geschafft.» Aber wir haben *was* geschafft.

Amir

Ich habe nach wie vor Sehnsucht nach Syrien. Dem Land, von dessen Wasser ich getrunken habe. Dem Land, das Amir aus mir gemacht hat.

Ich vermisse alles. Meine Mutter, meinen Vater und meine Geschwister. Ich vermisse meine Verwandten und Freunde, ich vermisse meine Nachbarn, sogar den, der immer mit seiner Frau stritt - und die vermisse ich auch. Ich vermisse meinen Schuldirektor, den ich als Kind gehasst habe und an dem ich mich, so hatte ich mir geschworen, als Erwachsener rächen würde, weil er mich als Kind geschlagen hat. Ich vermisse alle Menschen, die ich kenne, und auch alle, die ich nicht kenne. Ich vermisse die Katze, die bei uns im Haus lebte, und den Hund, der draußen unser Haus bewachte. Ich sehne mich nach dem Feld, auf dem ich gearbeitet habe, und nach dem Motorrad, das ich gefahren bin. Ich sehne mich nach dem Himmel, unter dessen Kuppel ich im Sommer schlief, nach den Sternen, die ich vom Dach unseres Hauses sah. Ich vermisse den Boden und die Steine, die Luft und den

Regen … und das Leben hier in Deutschland fällt mir nach wie vor schwer. Hier sind nicht die Menschen, die ich kenne, hier gibt es einen anderen Himmel, ein anderes Lachen in den Straßen. Sogar der Sonnenaufgang und der Sonnenuntergang unterscheiden sich von dem, was ich gewohnt bin.

Hoffentlich wissen Henning und Nicole trotzdem, dass alles, was sie für mich getan haben, niemals aufzuwiegen sein wird. Sie sind für mich wie Vater und Mutter. Ich liebe sie sehr, denn sie haben mir so unendlich viel geholfen, beim Übersetzen und Ausfüllen von Formularen, beim Verstehen der deutschen Grammatik, bei den Hausaufgaben, sogar beim Waschen der Wäsche. Ich liebe Hennings Frau, sie ist im wahrsten Sinn des Wortes eine Mutter, die mit ihren Kindern fühlt. Und ich liebe Henning – auch wenn er die meiste Zeit auf Arbeit ist. Er arbeitet wie eine Maschine, er verbrennt sein Leben durch Arbeit, wie ein Blatt Papier im Feuer verbrennt. Trotzdem haben die beiden mir ermöglicht, bei ihnen zu leben. Ihre wenige Zeit haben sie genutzt, um mir zu helfen.

Deutschland ist ganz anders, als ich dachte. Aber Deutschland ist auch anders als die anderen europäischen Länder. Es hat mir und anderen viel gegeben in dem Moment, in dem wir unsere Heimat verloren. Mir tut es sehr leid, wie manche Flüchtlinge sich verhalten, einige haben keinerlei Verantwortungsgefühl gegenüber dem Staat, kein Zugehörigkeitsgefühl und kein Gefühl für ihre Pflichten hier.

Deutschland ist jetzt meine neue Heimat. Also habe ich hier Pflichten, die ich erfüllen muss. Ich weiß nicht genau, was ich dafür tun kann, dass dieses Land noch besser wird, aber ich werde arbeiten wie die Deutschen, die doch ihre Arbeit so lieben. Ich werde Deutschland lieben, wie ich Syrien liebe.

Epilog & Dank

Wir (also ich, Amir, und ich, Henning) möchten noch kurz etwas loswerden, bevor dieses Buch endet, wir unserer Wege gehen und für die Leserinnen und Leser wieder so unsichtbar werden, wie wir es vor der ersten Seite waren.

Wir möchten uns bedanken. Allen voran bei Nicole, meiner (also Hennings) Frau, an der immer dann, wenn wir beide an unseren Kapiteln schrieben, ein viel zu großer Teil all der eigentlichen Arbeit hängenblieb, dieser ganze Krempel, den sich Mann und Frau in Deutschland doch längst teilen sollten. Wir danken Larissa Bender, die meine (also Amirs) Passagen aus dem Arabischen ins Deutsche übersetzte. Wir danken Johanna Langmaack, unserer Lektorin, die unsere Texte sichtete und sortierte, die nachfragte und nachbestellte und genau dadurch das Buch in Form gebracht hat. Wir danken Freunden, Nachbarn, Verwandten und auch Verwaltungsangestellten, die uns meist wissentlich und manchmal unwissentlich beim Schreiben inspiriert haben. Und wir hoffen, niemanden verärgert zu haben, was kaum möglich ist angesichts eines Projektes, bei dem sich Privates und Politisches derart vermischen.

Hin und wieder wurden wir gefragt, wer die Idee zu

diesem Buch hatte. Wir hatten sie gemeinsam, als wir auf unseren Rädern durch die Stadt fuhren, unterwegs zu irgendeinem Amt. Ich (also Amir) sagte: «Irgendwann schreiben wir ein Buch über das Ganze hier.» Und ich (Henning) fragte: «Warum nicht jetzt?»

Schnell war klar, wir bräuchten eine möglichst direkte und dialogische Form. Denn mehr noch als Fördermilliarden oder Arbeitsmarktprojekte braucht es zum Gelingen von Integration etwas ganz Einfaches: Offenheit und Austausch. Das Land ist gerade voller Meinungen, aber es fehlt an Erlebnissen! Meinungen sind nichts Schlechtes, aber es wäre schon besser, wenn sie auf Erfahrungen fußten. Deshalb möchten wir unseren Erkenntnisgewinn, alles Ernüchternde wie Ermutigende, mit möglichst vielen Menschen teilen, ganz gleich, ob sie politisch Rechte oder Linke, Junge oder Alte, Gläubige oder Atheisten, Menschen mit und ohne Migrationshintergrund sind. Wir hoffen, dass die vorangegangenen Seiten den Leserinnen und Lesern zumindest Erlebnisse zweiten Grades geliefert haben.

Wenige Wochen nachdem wir die Arbeit an unserem Buch abgeschlossen hatten, habe ich (also Amir) übrigens eine kleine Wohnung gefunden. Wo, das werden wir nicht verraten, denn unsere Leben außerhalb der Zeitspanne, die diese Buchdeckel umschließen, möchten wir unbeobachtet leben. Nur so viel: Die Wohnung ist klein, für mich (Amir) aber der nächste große Schritt. Sie befindet sich in einem der zigtausend Häuser, die in Deutschland nach dem Krieg errichtet wurden. Mich (Henning) fasziniert der Fakt, dass die Mieterin eine Etage unter Amir seit der Eröffnung des Hauses dort lebt, 1952 ist sie eingezogen. Auch sie war einst geflohen, aus Ostpreußen. Jetzt wohnt über ihr der Zeuge einer neuerlichen Zeitenwende. Mal sehen, was für Gespräche sich da ergeben. Jetzt aber wollen wir erst einmal Wände weißeln.

MIX
Papier aus verantwortungsvollen Quellen
FSC® C083411

Das für dieses Buch verwendete Papier ist FSC®-zertifiziert.